餐饮开店实战宝典：

短视频推广＋新店筹备＋外卖运营＋质量管理＋品牌打造

王涛◎编著

人民邮电出版社

北京

图书在版编目（CIP）数据

餐饮开店实战宝典 ： 短视频推广+新店筹备+外卖运营+质量管理+品牌打造 / 王涛编著. -- 北京 ： 人民邮电出版社，2023.8
ISBN 978-7-115-61870-2

Ⅰ．①餐… Ⅱ．①王… Ⅲ．①餐厅－商业经营 Ⅳ．①F719.3

中国国家版本馆CIP数据核字(2023)第119246号

内 容 提 要

本书从经营餐饮店如何避坑、如何做好抖音布局、如何选址、如何做好设计、如何做好外卖业务运营、如何做好餐饮营销、如何做好餐饮采购控制、如何做好餐饮组织管理、如何做好餐饮安全管理、如何做好餐饮连锁管理、如何做好餐饮品牌管理等方面，对餐饮店的运营与管理做了深入浅出的讲解和分析，并辅以大量实际案例。

本书针对餐饮店经营过程中的问题，提供了极具实用价值的解决方案，为打造质量型、品牌型、连锁加盟型、标准化、规范化的餐饮发展模式提供了全面而深入的指导，可以作为中小餐饮店创业者，餐饮门店的店长、管理人员、基层员工以及餐饮行业研究者与爱好者参考使用的工作手册和指导书。

◆ 编　著　王　涛
　　责任编辑　李士振
　　责任印制　周昇亮
◆ 人民邮电出版社出版发行　　北京市丰台区成寿寺路 11 号
　　邮编　100164　　电子邮件　315@ptpress.com.cn
　　网址　https://www.ptpress.com.cn
　　天津翔远印刷有限公司印刷
◆ 开本：700×1000　1/16
　　印张：16.25　　　　　　　　2023 年 8 月第 1 版
　　字数：258 千字　　　　　　2023 年 8 月天津第 1 次印刷

定价：69.80 元

读者服务热线：(010)81055296　印装质量热线：(010)81055316
反盗版热线：(010)81055315
广告经营许可证：京东市监广登字 20170147 号

前言

"民以食为天"的古训言犹在耳，"食以民为天"的时代早已到来。作为最悠久的服务行业之一，餐饮行业承载了无数从业者的爱好和理想，也为千家万户带去了欢乐与感动。无论社会如何发展，线上经济怎样腾飞，消费者的消费心态如何改变……餐饮行业始终拥有最大覆盖程度的市场，面对数以亿计的消费人群。开餐饮店，不失为创业者的一个好的选择。

然而，餐饮行业的竞争是残酷的。要想开好一家餐饮店，绝非拥有从业经验即可，也不是能拿出资金、选对地段、找到团队、做好宣传这般简单。今天的餐饮行业面临着更为严苛的市场要求，顾客既希望能品尝到健康、美味的餐饮产品，又希望能收获与众不同的美好体验，还希望能尽可能地收获起码是内心层面的性价比。即便经营者努力满足了顾客的这些需求，如何应对员工成长、团队利益分配，进而打造品牌、不断扩大影响力，都是其在迈向成功的道路上需要面临的考验。

更不用说，线上餐饮已经成为餐饮行业绕不开的战场，无论线下店的生意有多好，都会有潜在的竞争对手。它们可能在顾客的手机里，可能在二维码后，甚至在现代化流水线的预制菜工厂中，并正向传统餐饮行业发起来势汹汹的冲击。

因此，无论是经营着街头巷尾寻常可见的快餐小店，还是业已身为餐饮连锁集团的店长甚至高管，我们面临的考验、感受到的压力，乃至思考的问题，都有很大的共同点。这也证明了餐饮行业经营不易、创业不易，在有限的业余时间里，从业者必须明确重点，深入学习整个业务结构所关联的各项知识，将理论与实践结合，积极培养多方面的能力和技巧，同时注意在经营实践中总结反思，积累经验。

为了帮助餐饮从业者更好地应对竞争，本书总结了成功的餐饮创业者多年来的经验，形成了贴合实际且具备理论高度的内容。本书以餐饮创业规则开篇，向读者介绍了入行的注意事项，随即解答了餐饮创业者最关心的抖音营销布局方法，帮助读者构建新的竞争意识，然后详细介绍了餐饮选址筹备、餐饮店设计、外卖业务运营、餐饮营销技巧、餐饮采购控制、餐饮组织管理、餐饮安全管理、餐饮连锁管理和餐饮品牌管理等方面的知识。

本书内容覆盖了餐饮店创业经营的各大环节，将相关注意事项以通俗的语言讲述，并对市场实践中的案例加以剖析，让读者深入浅出地了解餐饮店规模从小到大的奥秘并获得切实可行的操作方案。

本书内容丰富、翔实，读者可以轻而易举地检索内容，对应查找自己想了解的方法技巧，解决餐饮创业征途上的问题。本书既可以作为创业者入门的学习用书，也可以作为餐饮行业的培训用书。通过对本书案例的了解、理论的学习、方法的实践，读者可以跳出因日常工作岗位限制而产生的片面视角，深入体会经营者、员工、顾客、合作者等的感受，以多元性、全局性、总览性的角度观察和了解餐饮行业的经营管理，从中收获更多智慧。

作者

2023.6

目录

第2章
餐饮开店创业的抖音营销布局方法

第3章
餐饮选址筹备：选对位置就成功了一半

第4章
餐饮店设计：如何提高消费频次与满意度

第5章
外卖业务运营：线上餐饮如何才能更有魅力

第6章
餐饮营销技巧：如何才能玩转线上营销

第7章
餐饮采购控制：如何优化餐饮成本

第8章
餐饮组织管理：如何管好后厨及服务人员

第9章
餐饮安全管理：如何营造安全的餐饮环境

第10章
餐饮连锁管理：如何做好餐饮店连锁管理

第11章
餐饮品牌管理：如何打造一个知名餐饮品牌

第 1 章

餐饮开店创业：不能不懂的规则

餐饮开店创业，既简单也复杂。成功的关键，在于弄懂其中的规则。

本章将剖析餐饮开店创业的 10 个假象，分析餐饮开店的 4 个关键点，解析餐饮店生意火爆的 10 个法宝。

1.1 餐饮开店创业，别被这 10 个假象迷惑了

餐饮行业门槛较低、操作简单、资金流动快，受到中小创业者的青睐。但为何有些店铺风生水起，有些店铺却濒临倒闭？究其原因，莫过于创业者是否能识破假象。

餐饮开店创业有 10 个假象，你必须认清。

1.1.1 人气旺的餐厅租到就能赚钱

普通认知模式里，赚钱的餐厅一定人气旺，人气旺的餐厅一定赚钱。其实不尽然，人气旺的餐厅可能赚钱，也可能不赚钱，甚至赔钱倒闭。

1. 赔本赚吆喝

新店开业，店家一般会以让利促销的方式招揽人气，在短期内聚集大量顾客，形成生意火爆的假象。但让利促销是一把双刃剑，用好了，能为餐厅快速积累大量忠实顾客，形成口碑效应，促使生意持续火爆；用不好，促销期一过，餐厅就恢复了冷清。

失败的让利促销，仅仅能实现餐厅的短期繁荣，是典型的"赔本赚吆喝"。

某品牌川菜馆是一家连锁新概念川菜馆，其经营创新点在于将火爆的拆盲盒游戏与餐饮消费相融合，丰富了顾客的就餐体验。

该品牌的某一线城市的新店在开业时，进行了低至 2 折的优惠促销活动，只需花 49 元便可实现 2~3 人就餐，优惠力度之大让人惊叹。在这一高档写字楼云集的商业中心地段，一份普通快餐都要二十几元，而在这家川菜馆，每人只需花费十几元便可享用一顿不错的午餐。这样的对比，让店里人满为患。但

优惠期过后，餐厅的生意迅速冷清，让利促销并没有给餐厅带来回头客，反而让餐厅赔了本。

事后，经营者加以检讨，发现原因有二：一是促销期间生意过于火爆，餐厅疏于对出餐环节和就餐环境的把控，致使餐厅没有得到顾客的认可；二是大力度的优惠活动吸引了众多"薅羊毛"的顾客，但这些顾客不是餐厅需要开发的潜在顾客。

2．内部管理混乱

餐厅是否能持续赚钱，取决于餐厅的营业收入和内部管理水平的高低。多数普通餐厅更注重追求营业收入的短期增长，而忽略了内部管理，导致每日忙忙碌碌，看起来生意火爆，到月底盘点时，却没有赚多少，甚至还会亏钱。

在餐饮行业，无论是大酒店还是小餐馆，内部管理都非常重要。餐厅只有做好内部管理，才能拥有较高的人气。

表 1.1-1 所示为餐厅内部管理的核心内容。

表1.1-1　餐厅内部管理的核心内容

核心内容	内容描述
食材采购	食材是餐厅经营的根本，餐厅经营者要保证食材的安全和高品质。 餐厅经营者可以寻找食材的源头供货商，减少中间商的差价；也可以对食材的使用进行标准化管理，使每样食材的使用都在可控范围内，避免浪费
租金	租金成本是定额支出，餐厅经营者应根据餐厅的定位选择合适的店址，在签订租赁合同时要与房东协商好租赁期限和租金涨幅，做到对租金变化心中有数，以免后期变动造成不必要的损失
人员	通过合理的人员配置和排班调度，实现高效、可控的人力成本管理
营销推广	营销推广成本在总成本中所占比重较小，餐厅经营者应杜绝过度的促销活动，以免为餐厅带来负面影响

古语有云："吃不穷，喝不穷，算计不到就受穷。"在餐饮界，"算计"集中体现为收入目标和内部管理。内部管理水平的高低将决定餐厅经营的成败，餐厅经营者应充分重视营业收入与内部管理，而不是只关注人气。餐厅经

营者只有具备这样的科学经营思维，才能促进餐厅持续发展。

1.1.2 旺铺转让是机会难得

中小型餐饮创业者在选择店铺时会倾向于成熟的店铺，尤其关注那些转让名单上靠前的店铺。很多人都认为，这种店铺有现成的装修、人员班底和客源，只要接手就能赚钱。殊不知，天上掉下的这块"馅饼"，很可能是加了料的，那些旺铺真如转让者所说的那么"旺"吗？

车公庙片区是深圳著名的工业区和写字楼聚集地，据不完全统计，曾经有7000多家企业在此进驻，就业人数达30万。

李先生看中了这里庞大的人流量，想在这里开一家快餐店。他在车公庙蹲守近半个月，考察了大大小小的快餐店后，选择了一家看似客流量尚可且打着"旺铺转让"口号的自选快餐店。

李先生相当谨慎，没有直接联系店主，而是特意选择高峰期，扮成顾客在店里消费，在了解餐厅饭菜品质的同时偷偷考察客流量。一周后，他才坐下来与店主商谈转让事宜，最后以20万元盘下了这家店，店内的设备及人员班底全部保留。

刚开始的3个月，店铺经营一切正常，每月都有盈余，李先生心中暗喜，以为自己"淘到宝"了。孰料第四个月，当地街道贴出通知，由于修建地铁，店铺门前的道路需要围堵封闭。

快餐店的顾客人群是"工薪族"，午餐只会就近解决，道路封闭意味着进店要绕道，几乎没有人会舍近求远。于是，快餐店的客流量越来越少，每日营收渐渐不能负担基本的开支。到开店半年时，李先生只能无奈地计划将店铺以"旺铺转让"的方式转让出去。只是，他却没有前任店主的好运气了……

李先生的遭遇在餐饮创业领域不是个例。"旺铺转让"的陷阱让创业者防不胜防。例如，创业者粗心大意，未能留意租赁合同中的所有条款，留下后患。店主或者不良房东利用信息的不对等，隐瞒不利事项，致使创业者打水漂。甚至转让店铺时，前任店主未能妥善清理债务，为创业者后续正常开店带来不小的麻烦等。鉴于此，创业者一定要仔细辨别"旺铺转让"的真相，不要将陷阱误当成"馅饼"，造成经济损失。

1.1.3 做餐饮只要菜品味道好就能赚钱

菜品味道好，餐厅的生意肯定不差？未必！

菜品味道是影响餐厅生意好坏的重要因素，但不是唯一的决定因素。"酒香不怕巷子深"的理念早已不适合如今的餐饮行业。菜品味道好的餐厅其实有很多，但顾客除了关注菜品味道之外，也很看重就餐时的综合体验，他们会自觉或不自觉地对餐厅的菜品味道、食材、服务、环境、品牌进行全面评价。除非餐厅能在菜品味道上做到不可替代，使人欲罢不能，否则就很难仅凭菜品味道而生意兴隆。

好好味面馆是有20多年历史的知名传统面食餐厅，常年位列深圳粤式传统粉面排行榜头部，店里的牛腩捞面、鲜虾云吞和裹蒸粽最受食客喜爱，面馆经营者用优质食材和经典口味紧紧抓住食客的味蕾。那些嘴刁的食客，每隔一段时间就要到店里满足口腹之欲。

好好味面馆始终保持着朴素的装修、简单的餐牌，以及亲民的价格，没有宽敞明亮的就餐环境，没有宾至如归的服务态度，凭借菜品口味就能唤起食客排队等待和拼桌就餐的热情。

然而，如此具有悠久历史和优秀菜品口味的餐厅，仍然需要经常在各大互联网平台进行营销推广，以免被淹没在餐饮行业竞争日趋激烈的新时代。

餐厅生意好，背后有很多因素，但必然与经营者清晰的经营思路、精准的店铺选址、高尚的行为品质密不可分。

清晰的经营思路，能为餐厅找到准确的定位、明确的发展方向，助力餐厅运行在正确的轨道上。店铺的选址必须依据餐厅的定位来确定，主要是选择合适的商圈，靠近目标群体。此外，店铺的装潢也要依据店铺的定位设计，不论是高档奢华还是低调内敛，最起码应该做到窗明几净、大方有序。经营者个人的行为品质也会直接影响餐厅员工以及整个餐厅对外的形象。

细节决定成败，一丝不苟、细致入微的工作态度才能成就一家餐厅，这绝非仅仅"好吃"就能代替。

1.1.4 连锁加盟全都不靠谱

连锁加盟是品牌方在具备一定品牌影响力和运营经验后，为快速提高市场占有率而采取吸收加盟者的运营策略。在该模式中，加盟方通过投入少量资金，共享品牌价值，利用品牌方运营经验，降低自主经营的风险。

理智、合规的连锁加盟能实现品牌方与加盟方的双赢。然而，近年来某些品牌方的违规操作以及加盟方的不作为，导致连锁加盟模式出现了一些问题，但以此判定连锁加盟全都是"割韭菜"，则属于言过其实。餐饮创业者在考察连锁加盟项目时，要想避免被"割韭菜"，就要找准方法和标准。

表 1.1-2 所示为餐饮连锁加盟应考虑的要素。

表1.1-2 餐饮连锁加盟应考虑的要素

要素	具体内容
品牌方资质	开展连锁加盟的品牌方必须在市场监督管理局备案，获取特许授权资质，拥有独立的品牌商标或者专利技术，有两家及以上的直营门店，且持续经营一年以上
资金实力	加盟方需缴纳品牌方要求的加盟费、保证金、管理费，还要准备门店的租金、装修费用、日常运营费用、人员工资、宣传推广费用，以及满足门店 2~3 个月正常运作的流动资金等
人才优势	厨师是餐厅的灵魂人物，管理人员是餐厅正常运转的支柱。品牌方通常不参与门店的内部管理，加盟方需评估自己是否有组建核心团队的能力
地域差异	加盟方需对项目进行充分的市场调研，考察项目是否适合在当地开展，是否符合当地人的消费习惯
认知偏差	加盟品牌项目并不意味着加盟方能一劳永逸。加盟方需要对行业有足够的认知，有时间、有精力参与门店的日常管理，持之以恒才能实现门店的创收

　　"钱大妈"是近些年从广东迅速崛起的农产品社区销售平台，其利用社区门店将农产品生产基地与消费者对接，减少了中间环节，保证了食材的新鲜。

　　"钱大妈"持有"不卖隔夜菜"的经营理念，每晚7点打9折，每隔半小时再低一折，这让其直营门店和加盟门店的生意都好到"爆棚"，每晚8点半左右，店里的菜品就已被一扫而空。"钱大妈"因此在南方扎稳脚跟后，便谋求北上发展，相继进入华东、华中、华北市场，怎料不到一年便铩羽而归，几乎所有北方的直营门店和加盟门店全部关闭。

　　个中原因何在？原来，"屯菜"是北方城市的消费特点，"不卖隔夜菜"的核心连锁卖点并不能对北方消费人群产生足够的吸引力。

　　类似情况在餐饮连锁模式中并不少见，创业者盲目断言连锁加盟都是"割韭菜"，既是对品牌方不负责，也是对自己不负责。

1.1.5　在商场开店肯定赚钱

　　餐饮店铺的位置需要根据品牌定位、经营品类、资金实力和目标群体决定，创业者不能笼统地认为在商场开店就一定赚钱。

　　开在商场的店铺会享受流量红利，但也要承担商场高昂的租金，如果自身品牌属性与商场风格相去甚远，不仅不会赚钱，还会血本无归。

　　杂粮轩，主营杂粮煎饼、豆腐花、酸辣粉、姜母茶等南北方小吃、饮品，如今已陆续开设了多家店铺，但美中不足的是其深圳海岸城店铺的变迁。

　　该店铺最初位于海岸城一楼街边，古朴简单的装饰中透露着经营者的奇思妙想，仿佛煎饼受到了文化的渲染。随着周边大型购物商场的兴起，海岸城人气不再火爆，后来，这家店铺迁到了天虹商场负一层的餐饮区，这里千篇一律的装修风格让杂粮轩显得暗淡无光。

店铺属性应与店铺所处环境相辅相成，杂粮轩具有较强的品牌辨识度，就应该摆脱大一统风格而自成体系，摆脱商场的约束。相反，近些年火爆的一些餐饮品牌则非常适合进驻商场，因为二者的目标群体一致，都具备相应的品牌吸引力，都能利用各自的影响力为对方引流。

1.1.6 月销万单的纯外卖店肯定能赚不少钱

近 10 年来，外卖已成为许多人生活中不可或缺的存在。最初跟随外卖平台共同成长的餐饮人在外卖平台的补贴下已赚得盆满钵满，"后起之秀"则蠢蠢欲动。

如今，外卖平台积累了大量的商家，开一家月销万单的纯外卖店还赚钱吗？我们不妨先看看纯外卖店需要具备哪些条件。

表 1.1-3 所示为纯外卖店应具备的条件。

表1.1-3 纯外卖店应具备的条件

条件	具体内容
选址	外卖业务应覆盖 3 千米的范围，选址应靠近写字楼、商住混合区、居民楼、学校、医院等区域
菜品	根据目标消费人群确定菜品，适当保证菜品的多样化和差异化
平台规则	熟悉平台运作机制，会利用平台规则计算满减、折扣、派送费，核算菜品的成本及利润率
标价技巧	标价能激发消费者的下单欲望，凸显优惠力度
店铺排名	店铺排名影响曝光机会，决定着进店率和成交量
出餐速度	出餐速度决定外卖员的满意度和顾客的体验感

陈先生经营着一家卖汉堡、炸鸡的纯外卖店，目标消费人群以学生和附近的居民为主，在陈先生的持续深耕之下，店铺日单量高达 1000 单，月单量达 3 万单之多。但傲人的业绩让陈先生心力交瘁。经过核算，他发现店铺除去人工费、食材费、水电费、房租、平台抽成等成本，每单的纯利润不足 1 元，每

月最高利润仅 1 万余元。陈先生还要担心某些细节的不到位影响顾客体验，致使店铺排名降低，担心持续的高压工作导致员工离职，担心食材成本上涨导致利润降低……

外卖是餐饮门店不可或缺的组成部分，但纯外卖店太受平台限制，缺少自主发展空间，很难培养顾客忠诚度，无法降低顾客随机消费意愿，故不适合新手。

1.1.7 单品爆款店很容易打造品牌

爆款产品的生产过程简单，生产流程标准化，食材搭配固定，能在短时间内实现火爆销售，使餐饮企业名利双收，然而，爆款产品过于单一，生命周期短，不能长久经营。

太二酸菜鱼成立于 2015 年，品牌市场定位精准，品类细化充分，鱼只选用一斤半左右的鲈鱼，酸菜只选用老坛酸菜，并喊出了"酸菜比鱼好吃"的口号。

酸菜鱼虽然是太二酸菜鱼的爆款产品，但并非其唯一的产品。太二酸菜鱼追求细化品类，但绝非只卖一款产品。顾客在店内除了可以品尝酸菜鱼之外，还可以选择创新川菜、各式凉菜、小吃及饮料等，这极大地满足了顾客的需求。

单一爆款产品可能让品牌在短时间内人尽皆知，但也可能使品牌很快失去吸引力。餐饮企业应针对爆款产品，持续深耕，延伸或引进与爆款产品相呼应的其他品类，以满足顾客的不同需求。

1.1.8 奶茶店、咖啡店都是卖水的，肯定很赚钱

"奶茶店、咖啡店都是卖水的，肯定很赚钱吧！"答案并非如此。外行看

热闹，内行看门道，茶饮行业当下的竞争显然非常激烈。尽管茶饮行业年销售额突破千亿元，知名品牌如蜜雪冰城也达到了万店连锁规模，然而全国茶饮门店总共有约 50 万家，年轻消费者似乎无法支撑如此大的市场。

2022 年 8 月初，奈雪的茶公布财报称，预计 2022 年上半年实现营收 20.2 亿~20.7 亿元，预计净亏损 2.3 亿~2.7 亿元。

自 2021 年 7 月起，喜茶在全国范围内的店均收入与销售坪效开始下滑。2021 年 10 月与 2020 年同期相比，其店均收入与销售坪效分别下滑了 35%、32%。

大品牌危机四伏，自营小品牌情况如何？如果以奶茶的客单价为 12 元为例，店铺需租在人流量大的商圈内，面积约 8 平方米，月租金约 2 万元（有地域差异）。打理店铺起码需要 3 人，每人每月工资约 3000 元，人工开支每月总计 9000 元。再加上每月的水电费、物业管理费用等大约 2000 元，仪器设备使用与修护、耗材使用、食材采购等，每月共需支出 31000 元。如此计算下来，每天需卖出 86 杯奶茶才能维持收支平衡，想要赚钱则必须每天卖出 200 杯以上。在如此重压之下，小品牌确实很难与大品牌竞争，因此经营奶茶店、咖啡店并没有那么容易。

1.1.9 健康养生餐做起来比其他品类容易

随着生活水平的提高和健康饮食理念的普及，健康养生餐为餐饮行业开辟了一条新的赛道。健康养生餐如轻食、沙拉、代餐、养生茶饮、药膳等，注重营养科学配比，制作工艺简单，甚至有人形容吃健康养生餐就是"吃原料"。

如今，沙拉因其极低的热量，正成为大都市白领在点外卖时的新宠。素食外卖的消费人数、消费金额、订单量、消费频次均在增长。

此外，随着植物肉的诞生，植物肉的市场份额逐年增加，远超传统肉类的增速。饿了么也打造了"植物膳食"这一新的饮食品类，这与星巴克中国推出的"GOODGOOD 星善食"理念不谋而合。

健康养生餐正处于迅猛发展的阶段。表 1.1–4 所示为健康养生餐与传统餐饮的对比。

表1.1–4　健康养生餐与传统餐饮的对比

内容	健康养生餐	传统餐饮
经营理念	经营社群，研究受众群体，维护顾客	经营产品，研发菜品
传播形式	传播内容，用场景或氛围影响顾客	传播产品，用产品打动顾客
服务定位	品尝美食，创设社交氛围	让顾客吃饱吃好，吃得满意
用户黏性	社群互动	会员绑定
操作方式	标准化操作，效率高	操作复杂，出餐慢，效率低
食材搭配	科学配比，低油低盐	依菜品而定，常见重油重盐
人工成本	人员少，专业技能要求不高	人员构成复杂，对厨师要求极高
设备投入	只需使用小电器，设备投入少	需要专业的厨房设备

健康养生餐虽有上述传统餐饮无法比拟的优势，但也有发展局限。

首先，目前健康养生餐主打的品类是沙拉、三明治之类的食物，品种比较单一，不足以支撑店铺长久经营。其次，中国人更喜欢热食，口味还因地域不同有差异，而沙拉、三明治等大多作为传统餐饮的补充。最后，健康养生餐的消费群体较小。综上所述，健康养生餐的发展前景还有待考察，创业者不宜盲目介入。

1.1.10 做火锅、烧烤简单且能快速赚钱

火锅目前一跃成为我国餐饮行业的第一大品类，烧烤则为第二大品类。

火锅品类的核心价值在于锅底、食材、蘸料，操作简单，参与人员少。烧烤的核心价值在于食材、调料、火候，技术门槛低。两大品类当下占有如此高的市场份额，是否进入者必然能赚钱？

以烧烤品牌木屋烧烤为例，其某家店铺开在社区街边，目标群体为附近居民，店铺营业时间为下午5点到凌晨4点，店内员工有23名。店内主打产品为羊肉串，每串3元，店内每日客单价约300元，月营业额为58万元。羊肉的采购成本约每斤35元，每斤羊肉可穿30串，即羊肉串的毛利率可达61%。牛肉串、鸡肉串和蔬菜串的毛利率预计在60%左右。由于烧烤店无法摆脱穿串环节，高昂的人力成本将总的毛利率拉低到50%。经过综合计算，月营业额为58万元的木屋烧烤的净利润率为7.9%，净利润为4.6万元。

火锅行业的利润更为透明。2021年，海底捞的净利润率为9.7%，呷哺呷哺的净利润率为9.8%，小肥羊的净利润率为4.8%，小龙坎的净利润率为13.1%。

在火锅和烧烤领域，一直有新店兴起，也有旧店消失。火锅有明显的地域特点，不同地域偏爱不同口味，但市场占有率第一的仍是川式火锅。烧烤有明显的季节特点，夏季生意火爆，其他季节生意相对惨淡，以中式烧烤和韩国烤肉为主。在这种竞争格局下，并非所有进入者都能赚钱。

无论是做火锅还是做烧烤，创业者都需要有清晰的思路、准确的定位、正确的选址、契合的营销方案、差异化的经营策略、较强的运营管理能力。只有兼具以上几种要素，创业者才有开店赚钱的可能。如遇上不可抗力，创业者则需要耐心等待市场回暖。总之，开店有风险，投资需谨慎。

1.2 不能不知道的餐饮开店的 4 个关键点

餐饮创业初期，创业者容易感到迷茫。本节帮助创业者拨开迷雾，了解餐饮开店的关键点，开启创业之旅。

1.2.1 产品：好吃的产品不一定等于好卖的产品

中华饮食文化博大精深，许多食物美味可口，但众口难调，再好吃的食物也有人不喜欢，也不一定容易卖出去。

主持人陈鲁豫曾向娃哈哈创始人宗庆后推介一款国外的蛋酒，宗庆后回复："我知道，我也喝过。"作为中国饮料行业的领头人之一，宗庆后自然明白，"好吃"不一定等于"好卖"，有人说"好吃"更不等于市场认同。

"好吃"太过宽泛，缺乏固定标准。好卖的产品需满足以下4项标准。

1．满足需求

好卖的产品必须能满足顾客的某种需求，能解决顾客当下存在的问题。

2．优良的品质

餐饮品质包括产品的色香味、食材的健康与安全、就餐的环境与氛围、服务人员的专业态度。

3．合理的价格

价格是产品价值的体现，是餐饮店主根据店铺的定位、产品的综合成本及市场环境决定的。顾客根据自身评估选择符合心理预期的产品，能被目标群体接受的价格便是合理的价格。

4．良好的体验

体验是顾客与餐饮店亲密接触后的感受，是餐饮店向顾客传递经营理念、优良品质的服务过程。餐饮服务超越顾客想象，给顾客带来极佳的消费体验，顾客就会转化为餐饮店的忠实顾客。

1.2.2 运营：好的运营要精细化

如果餐饮创业过程过于粗放，经营者不仅需要亲力亲为，还会陷入越管越乱、不管更乱的恶性循环中。

刘强东在创立京东前开了个小饭馆，他给予员工超高标准的薪资并提供优越的食宿，但没想到员工们联合起来做假账，致使刘强东亏损 20 多万元。

刘强东总结说："员工都不是恶人。员工之所以做假账，是因为没有系统监管。是我做得不到位，为员工创造了做假账的条件。"

刘强东的总结并非全对，我们不能忽视个人因素，但更要做好精细化管理。管理，是让企业的运营细则变得有章可循、有据可查。餐饮店的运营主要分为团队建设管理和盈利模式管理。

1. 团队建设管理

团队建设管理包括厨师管理和服务人员管理。厨师团队属于专业团体，经营者应为其制定标准化的操作流程，安排专人专管。服务人员关系到餐饮店的外在形象，经营者需要促使其增强主动服务意识，做到客到必迎、客问必答、客走必送。

经营者应为员工设置完善的考核奖励机制，加强素质培养，明确晋升机制，从而建设相对稳定的团队。

2. 盈利模式管理

盈利模式包括成本控制和营销策略的制定。成本控制的关键在于杜绝浪费，即培养员工合理使用水、电、气及耗材，对库存物料实行先进先出的原则，对食材采购把好质量关，控制使用量。制定营销策略的目的在于帮助餐饮店创收，具体内容包括确定和执行营销计划等。此外，营销活动不宜开展得太频繁，否则会造成资源浪费。

管理系统会让餐饮店经营更规范、更清晰，能加快餐饮店走上良性发展道路的速度。

1.2.3 体验：离店的瞬间影响顾客的整体体验

顾客离店并不代表服务已终结。经营者如果忽略顾客离店时的体验，会使顾客之前产生的良好印象荡然无存。那么，经营者应该怎么做呢？

绿茶餐厅是一家经营杭帮融合菜的连锁餐厅。顾客在绿茶餐厅吃完饭准备离店时，服务人员会问候："慢走，欢迎下次光临。"顾客离开途中，迎面经过的服务人员会报以同样的问候。当顾客走到门口，服务人员还会示意："这里有口香糖和薄荷糖，可以清清口。"

故此，绿茶餐厅生意一直很旺，排队等位是常有的事。

餐饮店除了可以学习上述做法，还要在顾客离店时采取以下几种做法。

1．邀请顾客评价

餐饮店在顾客离店时，可以以小礼物赠送来邀请顾客对服务进行评价。这种做法是在顾客情愿的情况下进行的，如果强迫顾客，反而会引发顾客反感。

2．送别顾客

顾客买单时，收银台服务人员向顾客道别，然后目送顾客离开。

3．送客要主动

顾客离店时，服务人员应主动送客，而不是询问是否需要送客。

4．注意服务形象

顾客离开时，服务人员在门前的形象代表着餐饮店的态度。有些餐饮店的服务人员喜欢聚在一起说话，这会让顾客对餐饮店产生负面印象。

1.2.4 品牌：饿的时候想你是好吃，不饿的时候还想你才是品牌

当顾客真正饿的时候，需要的也许是楼下面馆，也许是街角小店，并不计较环境与服务，只追求食物本身。此时，他们想到的是餐饮名牌店。

当顾客不饿的时候，用餐就意味着享受，他们会追求食物的色与味、周到的服务、良好的氛围。此时，他们想到的必是餐饮品牌店。

餐饮店根据定位属性、发展阶段的不同，分为名牌店和品牌店。经营者也应根据发展实践，积极打造名牌，再将之升级为品牌。当然，经营者也可以在

初创阶段就以品牌店的要求定位餐饮店。

表 1.2-1 所示为品牌餐饮店应具备的要素。

表1.2-1　品牌餐饮店应具备的要素

要素	内容
品牌定位	利用创新型模式打造品牌店运营的差异化优势，注重顾客体验，增强顾客黏性
品牌设计	通过品牌名称、LOGO、店内装修、菜单餐具的改变，对顾客造成视觉冲击，加深顾客的记忆，确立品牌地位，提高品牌辨识度
品牌特点	品牌店更注重食材的精挑细选、制作工艺的科学完善、色与味的完美融合，还要具备完善的供应链体系，以及与品牌定位相匹配的店址

许多餐饮品牌都是在经营者的辛苦耕耘下从无到有、从小到大发展起来的。在创业初期，经营者就要积极树立品牌意识，使餐饮店发展为具有固定消费群体的名牌，再逐步成长为更具影响力的品牌。

1.3 餐饮店生意火爆的 10 个法宝

餐饮消费的需求始终存在，而生意兴隆的餐饮店也永远不在少数。掌握以下 10 个法宝，餐饮店生意火爆就指日可待。

1.3.1 开一家生意兴隆的餐饮店的关键因素

开一家生意兴隆的餐饮店有一定的规律可循，其中的关键因素为菜品、环境、服务和性价比。

表 1.3-1 所示为开餐饮店的 4 个关键因素。

表1.3-1 开餐饮店的4个关键因素

菜品	环境	服务	性价比
有创意，色香味俱全，分量均匀	环境整洁，具有鲜明的主题和风格	工作人员饱含热情、亲切温和，具备随机应变的能力	具有一定优惠力度，价格与菜品、服务、环境等相匹配，使顾客觉得物超所值

经营者可以对这4个因素进行打分，并将得分相加，分数越高则餐饮店的生意会越好。

（1）菜品。餐饮店最主要的产品是菜品。顾客评判菜品的第一要素是味道，美味、新鲜、有创意，是菜品具有吸引力的关键。

此外，菜品的摆盘、餐具搭配应该做到赏心悦目，令人食欲大开。菜品的分量需要均匀细致，使顾客对某道菜品的品尝不会影响其对其他菜品的食用。

经营者必须时刻注意流行趋势，对菜品进行调整和创新，打造独具特色的菜品，以提高顾客对菜品的评价。

（2）环境。餐饮店的环境并不一定要奢华，但需要让顾客感到舒适，因为环境可能是顾客能否坐下用餐的决定性因素。

一家窗明几净的餐饮店往往更能得到顾客的青睐。因此，如果想要吸引顾客，餐饮店内的装修需要有鲜明的主题和风格，要营造出应有的氛围感，让顾客获得不一样的体验。

（3）服务。无论何时，一旦顾客光临，餐饮店的工作人员都应亲切、热情地接待顾客，并细心周到地为顾客服务。即便遇到突发事件时，工作人员也应随机应变和冷静处理，力求给顾客完美的体验。

服务质量不仅取决于服务态度，也取决于服务细节，如果细节处存在问题，顾客很可能会认为这家店不值得再来。原本能转化为熟客的顾客流失，生意自然难以兴隆。

（4）性价比。人们在消费时总是希望买到的东西既便宜又优质，餐饮店必须围绕这一点进行运营。

例如，餐饮店是否有优惠，决定了很多顾客会不会前来用餐。很多情况下，顾客并不清楚菜品的具体成本和市场定价，他们想要的只是"划算"的感觉，如买二送一、优惠套餐、女士免单、信用卡优惠等。餐饮店能让顾客有所期待，才能吸引顾客到来。

从经营角度而言，餐饮店要设法确保菜品、服务和价格能达到顾客心理上的平衡点，使顾客觉得物超所值，满意而归，从而确保他们有下次再来消费的意愿。

1.3.2 充分利用时间差和空间差选择创业项目

经营餐饮店其实也有捷径可走，但捷径并非"小路"，而是充分利用时间差和空间差。

不少新手创业者总是想着要开拓别人没有涉足过的餐饮类型，觉得这样竞争压力小、发展快。不过，这种想法市场不一定认可。

传统餐饮文化有几千年历史，有多少菜品是从来没有人做过的？餐饮行业中有那么多成功的案例，为什么偏偏要选择别人从来没尝试过的类型呢？创业者选择了这种类型后，不仅没有成功的经验可以吸取，开创和发展的过程也很难得到大众的信任，即便创业者艰苦坚持，到最后也非常容易竹篮打水一场空。

创业者学习成功者的经验，并将其转化为自己的创新模式，很可能获得成功。当然，创业者想要开创完全属于自己的模式，并非不可以。但新手创业者还是应先积极模仿，等有了一定资本再开创自己的模式也不晚，千万不能过于草率。

如果创业者想在三、四线城市发展，可以利用空间差，模仿一、二线城市热门的餐饮模式，往往能获得成功。例如，华莱士就基于对德克士的模式的模仿，利用其只在一、二线城市发展的空间差，迅速落地三、四线城市，从而获得成功。

如果创业者想在一、二线城市发展，则可以利用时间差，将其他一、二线城市比较火爆的产品进行升级，转到本地经营，就很可能获得成功。

经营餐饮店确实需要创新，但餐饮已经被无数人研究过了。彻底的创新难以实现，更为实际的做法应是将成功案例加以改变和更新，为自己搭建更高的起点。

1.3.3 有针对性地对待顾客

餐饮店在做营销活动和服务顾客的时候，要有针对性地去满足顾客的需求。

有些经营者过于急迫地吸引短期流量，顾客一少就开始打折促销，片面地认为这样就能赢利。实际上，这种情况下客流量虽然多了，但并不一定能赚到很多钱，甚至可能赔本。等活动过了很久，有老顾客经过时问："您这店还开着呢？之前见您打折促销，还以为您要到别的地方发展了。"这可能会让经营者哭笑不得。

餐饮店开展营销活动时，进行打折促销、推出优惠套餐等都在所难免。但是，经营者不能对所有顾客都以同样的方式打折，这样做不仅可能抬高成本，而且会招来一群"薅羊毛""割韭菜"的流动性顾客，他们没有特别的消费需求，只希望"占一次便宜就跑"。

真正有经验的经营者，会结合自身特点对顾客进行定位。如果门店靠近商务区，可以在不同的工作日推出不同的优惠套餐；如果门店靠近大学城，可以推出学生在节假日凭学生证可以享受折扣的活动。如果门店在电影院附近，可以在适当时间推出电影院会员打折活动……这样做，经营者就能准确定位主流顾客群体，推出对应的营销措施，使餐饮店获得更多关注和客流量。

1.3.4 大城市开小店，小城市开大店

餐饮行业永远有需求、有市场。餐饮需求贴近大众生活，又不受地域、季节的限制，无论几线城市，都有众多创业者成功开店的先例。

在餐饮行业有这样一句话："大城市开小店，小城市开大店。"北京、上海这种超大城市，人流量大，交通便利，但租金高，人力成本也高，餐饮行业

竞争激烈。小城市租金低，人力成本低，运营成本也低，竞争则相对没有大城市激烈。大城市和小城市都有各自的优势和劣势，关键在于创业者如何取舍。

表 1.3-2 所示为大、小城市的优劣势对比。

表1.3-2　大、小城市的优劣势对比

项目	大城市	小城市
交通	便利	不便
客流量	大	小
租金	高	低
人力成本	高	低
竞争压力	大	小
运营成本	高	低

在小城市，尽管消费环境较差和消费水平较低，客流量也不大，但也有很多人愿意为更好的用餐环境、更好吃的菜品买单。尤其是三、四线城市的生活节奏比较慢，更需要大店来满足人们安静、舒适用餐的消费需求，因此大店在小城市会更受欢迎。小城市的租金低，竞争压力小，先开的店会更先占领市场，有利于餐饮品牌的发展和口碑积累。

大城市寸土寸金，开大店并不现实，租金和人工成本都很高。但大城市交通便利，客流量大，通常不会缺用餐的人，因此更适合小店的发展。

从口味选择来看，小城市的顾客更喜欢追求品牌，而大城市的顾客偏爱私房菜。从整体来看，大店在小城市有不同的优惠政策和选择空间，小店在大城市则可以避开大店竞争引起的波动。

创业者切忌盲目跟风，究竟开多大的店，要根据自身实际情况下结论。

1.3.5　大众刚需的社区店更受欢迎

2020 年开始，随着一系列社会环境的变化，社区餐饮店正逐渐成为很多人日常用餐的重要选择。图 1.3-1 所示为社区餐饮店优点。

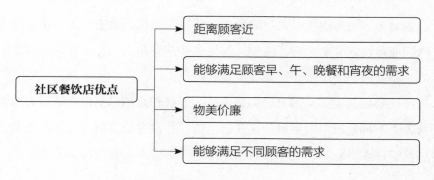

图1.3-1　社区餐饮店优点

首先，社区餐饮店距离顾客更近，有更多的机会和顾客接触，具有近水楼台的先天优势。因此，社区餐饮店逐渐成为主流。

对大多数现代职场人而言，每天工作结束回家再费心费力准备晚餐，已经成为一种负担。他们或点外卖，或在家附近的餐饮店解决用餐问题，空闲时间的餐饮消费也围绕社区周边的餐饮店进行。

社区餐饮店同时占据了时间和空间的优势，无论早餐、午餐、晚餐甚至宵夜，都能够满足周边顾客的需求。因此，在社区开餐饮店，消费人群具有稳定性，很容易获取顾客支持。

当下，社区餐饮店能满足大众的消费需求，不需要顾客有很高的消费水平，能引发顾客的多次消费。社区的门面租金低、人工需求不高，成本低、利润高，一旦经营得当，比较容易赚钱。

1.3.6　厨师做本行，不要开店

普通餐饮店中最重要的员工是厨师。很多厨师手艺精湛，在业内深受好评，经常会萌生单干的想法。然而，大多数厨师并不适合开店。

经营餐饮店并不是只会做菜就可以了，还需要考虑营销、管理等方面的问题。菜品再受欢迎，如果经营者没有营销和管理的经验，就很难开好一家店，更难以令其发展壮大。

经营者不仅要有足够的资本，还要具备良好的交际能力和人际关系。相比

之下，厨师更多地扮演技术人员的角色，其过往工作经验主要集中在钻研菜品上。从职业角色划分上来看，两种人的优劣势并不相同。一个好的厨师能做出美味的菜品，但不一定擅长交际和经营管理。

餐厅的菜品质量固然重要，但是选址、装修和营销以及供应链等方面的问题经营者也不可忽视。很多厨师在开店之前，并没有搞清楚这些利害关系，不懂得如何管理人员、节约成本、树立威信，开店后内部管理混乱，往往以失败告终。

如果你之前是一名优秀的厨师，在开一家餐厅之前，要么能找到管理经验丰富并值得信赖的合伙人，要么自己静下心来认真学习钻研，如果只依靠厨艺就想开店赚钱，通常是行不通的。

实际上，厨师每天按时上下班，做好分内的事，拿好应得的工资，收益未必就没有经营者多。

1.3.7 餐饮"外行"的店往往生意兴隆

厨师是餐饮"内行"，如果"内行"都不容易成功，难道"外行"还能做好餐饮吗？答案是肯定的。当然，这里所指的"外行"，并非经营管理的外行，而是具备更长远的眼光和更大格局的人。

人们对于"外行"的传统印象可能是不务正业、不严谨和不努力，这个词仿佛和餐饮经营并不搭边，但这只是事物的一方面。另一方面，人们在学习过程中，最全神贯注、最努力的时候，往往就是其为"外行"的时候。

纵观我们身边很多成功的创业者，他们将餐饮经营当作一种学习过程。他们会下意识地去学习相关知识，为将事业经营得更好而努力。所谓的"外行"一旦拥有这种全心全意的经营态度，自然会获得成功，进而达到理想的高度。

反之，自认为是"内行"的经营者，反而容易失去对细节的关注，每天忙于计算利润和亏损数据，然后继续制定盈利目标，最终忽略了和员工、顾客的联系，也丢掉了对细节问题不断钻研的敏感性，导致越算越少，直到入不敷出。

在心态上，"外行"很容易对餐饮经营抱有新鲜感，他们会享受经营餐饮店的过程，有着饱满的热情。在此过程中，他们往往不过于计较得失，能激发集体的活力，创造无限的可能。

所以，当你担心自己是"外行"时，不妨发挥"外行"的优势去经营；而当你自认为是"内行"时，也不应费心费力去计较利益得失。无论"外行"还是"内行"，都应该放平心态，不过于计较利益得失，保持单纯的初心，坦然面对经营过程中的一切困难。

1.3.8 如何给你的店起个好名字

菜品是餐饮店的根本，名字则是餐饮店的灵魂。油条店"今日油条"凭名字迅速在网络上走红，每天清晨店门口大排长龙，吸引各种"网红"打卡，轻松又免费地打了一波广告。

由此可见，好的名字对于一家餐饮店来说非常重要。经营者应如何给自己的店起一个好名字呢？

（1）模仿大牌的名字，并不限于对餐饮业大牌的模仿。例如"今日油条"模仿知名新媒体平台"今日头条"，获得了很高的话题度和讨论度，吸引了极大的客流量，只要味道不差，头回客就很有可能成为回头客。

（2）体现菜品特点。如果餐饮店以主打菜品命名，往往能够吸引喜爱这些菜品的人群，如武汉热干面、××地锅鸡，都会让顾客觉得餐饮店的这道菜极具特色，口味地道，由此吸引更多的顾客。

（3）通俗易懂。餐饮店较常用的命名方法是使用叠词，如六六榴梿饼、乐乐炒面；或者使用量词，如十年烤鸭、百草味等；还可以使用谐音、拟声词命名，如见你一面、嘀嗒炒饭等。

餐饮店的名字必须朗朗上口、简单好记，这样才具备传播优势，才能充分吸引顾客。要做到这一点，经营者需要讲求语言的韵味，抓住顾客的年龄特征、心理需求，以使店名能和顾客产生共鸣，使他们乐于传播。

1.3.9 餐饮店开业后能赚多少钱是可以算出来的

餐饮店开业后能赚多少钱是可以算出来的。开业前做好调研，对餐饮店开业后的客流量做出预判，就能估算出营业额，再减去成本，即可算出利润。

（1）估算客流量。餐饮店的客流量和其所在的位置、该位置的人口流动速度相关。经营者应对店面附近的流动人口进行观察和测算，捕捉目标群体数量，以此为准对每天进店消费的顾客进行估算。同时，经营者还应结合菜品定价计算出平均客单价，由此估算营业额。

（2）预估成本。成本包括员工工资、食材费用、房租以及水电费等。要准确估算利润，就必须合理预估成本。表 1.3-3 所示为餐饮店成本示意。

表1.3-3　餐饮店成本示意

项目	具体内容
用人成本	员工的工资等，一般占营业收入的 10% 左右
员工福利费	为员工缴纳的社保和在节假日发放的福利等的费用，一般占营业额 0.4%
水电费	需要根据餐饮店拥有的设备及使用的时间来测算
燃料费	天然气等燃料费用
保险费	为餐厅购买的商业保险，为固定费用，根据投入资金计算
食材和调料采购费	制作菜品需要的食材、调料的费用，需要根据餐厅经营规模来计算
设备采购费	餐饮店工作设备的采购费用，根据实际情况计算
物料消耗及低值易耗品摊销	包括餐具、餐巾纸等日常用品的消耗，可以根据客流量和装修档次计算
折旧费	店面定期修理设备和更换设备产生的费用等，根据使用情况计算
维修费	主要指日常经营中维修所用配件、原料等的费用
营销费	营销推广所需的费用，根据营销方案和优惠力度计算
税费	包括税务部门收取的营业税等，按照法定税率计算
租金	店面的租赁费用，为固定成本

表 1.3-3 列出的是餐饮店实际经营必要的成本，经营者只有准确估算成

本，才能较好地掌握餐饮店可能的盈利情况。

1.3.10 好吃的一般做不大

好吃的餐饮店一般做不大，做大了的餐饮店可能就不好吃了，一般认为，想把餐饮店做大，最重要的是菜品好吃，但事实上并非如此。

从餐饮经营历史来看，很多品牌是因为好吃而出名的，但少有品牌是因为好吃而做大的。例如，麦当劳、肯德基等，最初在其发源地，人们对它们的评价可能是好吃，但当它们发展为全球连锁店后，大众对其的评价并没有达到惊艳的程度，但这依旧动摇不了其快餐行业领先者的地位。同样，重庆小面这样的地方特色饮食，被许多人认为是不可错过的美食，但至今没有出现相关的大规模的餐饮店，大多始终保持寻常巷陌小店的规模。

餐饮店想要做大，连锁是一条比较好的路。而连锁的形式决定了每家门店推出的菜品不能太考究味道，因为菜品的味道取决于厨师的手艺，而好厨师的手艺很难复制，无法做到每一家店的味道都一样。因此，菜品味道并不是餐饮店做大的必要条件。从经营上看，具体原因如下。

（1）为保证分店的味道和主店一致，菜品必须标准化，而菜品要实现标准化，最先牺牲的就是味道。

（2）菜品好吃与否更多基于顾客的主观判断，没有统一的客观标准。餐饮经营者从扩大品牌的角度来看，需要根据顾客的主观判断调整菜品口味。

（3）经营者要想扩大餐饮店规模，必须先建立完整的管理运营体系，再通过标准化设计，抓住时机、快速复制扩张。

（4）连锁餐饮店需贴近大众口味，而非考虑是否能满足特定人群的需求，这样才能更全面地扩大市场。一个经典的例子就是川菜走出四川后，必须考虑各地的大众口味，而不能完全保持其本土口味。

（5）能做大的餐饮品牌，其门店必然要走出原有地域。"正宗"的口味往往需要特定的食材、工艺、贮藏条件等，这些条件通常难以被完全满足。

因此，做大了的餐饮品牌都不会太好吃。这些品牌之所以能做大，是因为其采用了最有利的经营模式，提供了最贴心的服务，尽管牺牲了菜品原本的口味，却也换来了市场上的优势地位。

第 2 章

餐饮开店创业的抖音营销布局方法

抖音是当前短视频流量的最大入口之一，也是餐饮店对外宣传的重要渠道。抖音直播能缩短餐饮店与顾客的距离，抖音短视频能让顾客更好地了解餐饮店信息。餐饮店想要获取更多客源，必须提前做好抖音营销布局。

2.1 正确认识餐饮的抖音布局

合理的抖音布局能大幅降低餐饮店的营销成本，帮助餐饮店获得更多公域顾客和私域"铁粉"，给餐饮店带来更多的营业收入。

2.1.1 餐饮店的抖音运营逻辑

餐饮店布局抖音能精准吸引更多本地顾客。为了让餐饮店获得更多客流量，经营者必须了解餐饮店的抖音运营逻辑。

餐饮店在抖音的引流方式有 4 种，如表 2.1-1 所示。

表2.1-1　餐饮店在抖音的引流方式

引流方式	核心要素
短视频广告	短视频
团购达人	达人"带货"水平
门店直播	直播场景与话术
团购套餐	有吸引力的套餐

1. 短视频广告

餐饮店可以在抖音上发布带有广告的短视频，其目的在于植入产品信息，然后获得精准顾客的关注。

餐饮店最需要本地精准流量，运营者在发布短视频的时候一定要带上门店位置，并且在标题中加入"某某地美食"这样的标签，如"长沙美食""成都美食"等。

2. 团购达人

这是指经营者通过与团购达人合作来达到引流的效果。经营者不一定要采取低价引流的方式，这种方式更容易吸引那些并不精准的低价客群。低价客群基本不会产生大量的复购，实质上属于无用的流量。

经营者在选择要合作的团购达人时应考量的要素如下。

（1）本地粉丝占比。团购达人的粉丝数并没有很大的参考价值，因为很多团购达人的粉丝是"买"的，查看团购达人后台的本地粉丝占比更为重要。如果本地粉丝占比过低，就没有合作的必要。

（2）"带货分"。"带货分"是最能体现团购达人"带货"水平的数据。

（3）视频质量。视频是团购达人"带货"的工具。如果团购达人的视频质量不高，顾客就不会有消费欲望，更别谈到店消费了。

（4）"带货"客单价。一个卖惯了低客单价套餐的团购达人往往很难卖出高客单价的套餐。

3．门店直播

抖音直播能拉近餐饮店与顾客的距离，餐饮店必须选择正确的直播形式和内容。

小李在深圳开了一家小龙虾夜宵店。周边餐饮店众多，竞争激烈，小李的店濒临倒闭。

看到直播风口后，小李亲自上阵成为"吃播"博主。许多直播间的观众看到小李的直播后，往往食欲大开，小李因此逐渐走红。通过这种方式，不仅他在直播间卖的小龙虾产品销量高，门店顾客也络绎不绝。短短几个月时间，小李扭亏为盈，拯救了原本濒临倒闭的门店。

餐饮店直播成功的关键，就是通过产品外在的视觉形象传达激发受众的食欲，同时让餐饮店看起来人气鼎盛，让服务团队呈现有序状态，让受众点开链接获得惊喜。

4．团购套餐

经营者设计低成本、高利润的抖音团购套餐能吸引大量的本地顾客进店消费。类似套餐的毛利率至少应达到70%，否则很难在打折和分佣后赚钱。

2.1.2 餐饮店的抖音定位法则

抖音界有句行话："定位定生死。"定位的本质，是让抖音账号在某个细分领域垂直深耕，输出优质内容，而并非三天打鱼，两天晒网。餐饮店的抖音账号只有持续地输出优质内容，才能获取顾客信任，并步入从转化到变现的正轨。

为提高抖音账号的转化能力，餐饮店在抖音平台的经营需遵守一系列法则。图 2.1-1 所示为餐饮店的抖音定位法则。

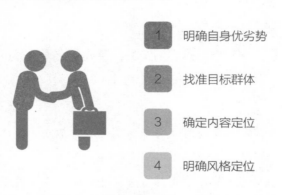

图2.1-1　餐饮店的抖音定位法则

1．明确自身优势

餐饮店只有明确自身优劣势，才能扬长避短，在抖音上输出优质内容。如果餐饮店的优势是菜品口味和价格，短视频拍摄者就应通过光线、音效等来"诱惑"顾客，再凸显菜品分量大与价格低的反差，从而吸引更多人来店消费。

2．找准目标群体

不同餐饮店存在着地理位置、客单价、菜品口味等方面的差异，目标群体也会有较大的差异，例如写字楼附近的快餐店的目标群体是白领，其客单价往往为 20~35 元；工业区附近的快餐店的目标群体是流水线工人，其客单价往往为 8~15 元。

3．确定内容定位

通俗而言，内容定位就是给账号贴上标签。餐饮店的抖音账号内容切忌贪多，否则会导致定位混乱，影响流量增长。

一家有 30 年历史的烧鹅店，其抖音账号的内容集中于讲述创始人对家族事业的传承、对食材的考究、管理的严格等，让账号获得了许多用户关注。

该账号的内容定位相当于给这家店贴上了"老牌经典烧鹅"的标签。

4．明确风格定位

风格由内容来体现。短视频中的台词、音乐、场景等是构成账号风格不可或缺的元素。一些经营者在打造个人 IP 时，倾向于选择搞笑幽默的风格，其目的就是吸引更多人关注，拉近与顾客的距离。因此，他们发布的短视频的音乐和台词就会比较活泼有趣。

根据上述法则，经营者可以解决"我是谁""和谁说""说什么""怎么说"等打造账号内容最关键的问题。经营者在此基础上不断细化改善，抖音账号就能获得更多流量，吸引更多人关注。

2.1.3 餐饮店的抖音对标账号学习方法

在抖音营销中，餐饮店应及时找准对标账号，学习优秀账号的运营方式，最大限度地降低试错成本，尽快实现引流变现。

餐饮店学习抖音对标账号时，要遵循"抄、超、钞"的原则。"抄"不是抄袭，而是模仿借鉴优质账号的思路。"超"指的是进行差异化运营，以最终超越优质账号。"钞"则意味着餐饮店学习抖音对标账号的最终目的是实现引流变现。

1．找对标账号的方法

通过抖音 App 和相关数据分析平台，经营者可以找到大量的对标账号，以下为常用的找对标账号的方法。

（1）直接搜索关键词。在抖音 App 里搜索关键词，用户栏会出现大量同领域的账号，从中挑选合适的对标账号即可，例如搜索"美食""宵夜""湘菜馆""小龙虾""椰子鸡"等关键词。

（2）从相似推荐里找。关注一个对标账号后，点进对标账号的主页，系统会自动推荐相似的账号。

（3）从话题标签里找。餐饮店或美食类的视频标题一般带有话题标签，点进话题标签可以找到大量对标账号。

（4）从创作灵感里找。在抖音内搜索"创作灵感"，进入相应界面后选择"美食"选项，再点击任意话题，就会找到大量的对标账号。

（5）从相关数据分析平台里找。进入婵妈妈、短鱼儿、飞瓜等专业数据平台后，选择"美食"，再进行相应的筛选即可快速找到合适的对标账号。

2．分析对标账号的流程

图 2.1-2 所示为分析对标账号的流程。

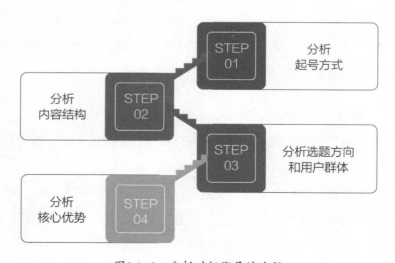

图2.1-2　分析对标账号的流程

（1）分析起号方式。餐饮店可分析对标账号早期的内容，了解它是如何起号的，并分析其是如何让用户接受并喜欢的。

（2）分析内容结构。账号只有持续不断地输出内容，才能积累粉丝。没有明确内容结构的账号，就相当于没有明确的定位，系统也就无法赋予其合适的标签。餐饮店账号在运营初期可以直接参考对标账号的内容结构，替换相应的元素，这样很容易产生新的"化学"反应。

（3）分析选题方向和用户群体。餐饮店选择的对标账号在客户群体特征上与自身具有很高的相似度，因此能直接根据对标账号的点赞、评论数据，确定自身用户喜欢的内容。

（4）分析核心优势。在抖音，适合对标账号的东西并不一定适合自己。餐饮店既要认清他人优势，拒绝盲目模仿，更要找出自己的优势，这样才能输出差异化的内容。

2.2 餐饮店抖音账号的构成及运营

搭建差异化的抖音账号，不仅能形成有影响力的餐饮店 IP，提升顾客信任度，还能为人员招聘、招商加盟等商业行为提供源源不断的流量。

2.2.1 餐饮店抖音账号的构成

经营者要想让更多人了解自己的餐饮店，就必须打造有识别度的抖音账号，这样当顾客刷到相关视频，再点进账号主页时，能清楚地知道餐饮店的相关信息。

餐饮店抖音账号的构成有 5 个部分，即头图、头像、名称、简介和视频封面，如图 2.2–1 所示。

图2.2-1 抖音账号的构成

这5个部分共同构成餐饮店的整体抖音形象，能让顾客在最短时间内认识餐饮店。

1．头图

头图类似店铺招牌，面积大且置顶，是抖音账号中的黄金展位。

头图可以根据账号定位放置美食照片、优惠活动照片、店铺场景照片、新品推送照片等，以展示店铺实力，强化顾客信任，提高店铺转化率。

2．头像

顾客刷完视频后，首先关注的便是账号头像。合适的头像能让顾客在短时间内记住账号。因此，经营者最好将头像设置为美食图片或真人照片，从而强化账号人设。

部分经营者喜欢把店铺 LOGO 作为账号头像，对于没有知名度的餐饮店而言，店铺 LOGO 很难吸引顾客，反而错过了展示店铺或自己的机会。此外，切勿频繁更换头像。在抖音，频繁换头像的结果很可能是顾客将账号遗忘。

3．名称

名称主要有两个作用，一是让顾客快速了解账号，二是让顾客容易搜到账号。好记易懂的名称有助于打造店铺或个人人设，名称中可以尽量加一些领域关键词，但千万不要有生僻字。

例如"饭七七老板娘"就是通过打造高颜值老板娘的人设实现引流的；"饭爵便当下沙街店"则通过"豪华"与"便当"之间的反差感来吸引顾客关注，名字简单且具地域特征，容易吸引本地顾客。

4．简介

简介是能详细展示店铺故事、价值观、优惠活动的地方。经营者可以模仿优质账号的简介框架，撰写个性化的简介，让顾客更快形成专属记忆。

5．视频封面

整齐统一的视频封面不仅能让顾客快速知道账号的内容框架，还能让顾客了解经营者的用心，从而提升对经营者、账号，甚至店铺的好感度。

2.2.2 如何运营创始人的个人IP

餐饮店创始人的个人IP能为餐饮店带来更多的本地流量，还有利于维系顾客，使顾客产生更多的复购。然而，很多经营者把抖音当成了朋友圈，想到什么就发什么，这样注定很难使账号转化变现。

图2.2-2所示为餐饮店创始人的个人IP的运营步骤。

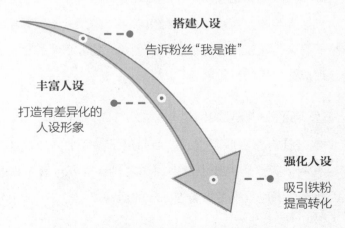

图2.2-2　餐饮店创始人的个人IP的运营步骤

1. 搭建人设

为餐饮店创始人打造人设最简单的方法便是让其出镜口播，但前提是以餐饮店为背景，这样能让粉丝了解其职业、清楚其为人、明白其价值观。

餐饮店创始人还可以根据账号定位，进行不同的人设搭建，可以是"独具匠心的老店管理者"，也可以是"大学毕业后开餐饮店的创业者"。需要注意，人设搭建并非一朝一夕的事，它基于持续稳定地输出内容、攻占用户心智。为了保证账号引流的精准性，每个账号只能有一个人设。

2. 丰富人设

丰富人设是指根据需要对账号内容进行调整。为此，餐饮店创始人可以在选题里加入一些家庭、爱好等方面的内容，多维度地展示自我，拉近和粉丝之间的距离。

为打造有立体感的人设形象，短视频内容还可以展示餐饮店创始人创业的艰辛、对食材的挑剔、对美食的追求、对员工的管理等内容。

3. 强化人设

为强化人设，账号内容不仅需要调整，拍摄形式也需改变，这样人物表现更有张力。

强化人设除了可以制作精良的短视频之外，另一种好方法就是直播。在直播中，餐饮店创始人与粉丝互动，粉丝抛出对菜品的疑问，餐饮店创始人随即幽默、专业地回答，粉丝就很容易被餐饮店创始人的才识、性格、技能水平等特点吸引，从而成为门店的真正顾客。

2.2.3 餐饮店蓝 V 账号如何运营

抖音蓝 V 账号拥有添加联系方式、商品展示、添加 POI 地址、设置优惠券等权限。这有利于餐饮店的线下获客，加之抖音官方对蓝 V 账号有一定的扶持力度，因此经营者应重视对该类型账号的运营。

"cut 8 pieces"比萨店的账号一开始只是个人号，创始人沈佳伦平常只是发一些有关菜品和餐厅的视频，流量不多，对门店的帮助微乎其微。

后来，抖音官方发布了对蓝 V 账号的扶持政策，沈佳伦将账号升级为蓝 V 账号，并专门升级了主页的版面。从此以后，账号后台常有当地顾客咨询，门店增加了近 50% 的客流量。

不仅如此，沈佳伦还在蓝 V 账号的简介中放了招商加盟的广告，想要创业的粉丝能直接通过蓝 V 账号的联系方式组件找到他。

要想让蓝 V 账号运营得更好，经营者必须知道以下方法。

1．不发违规内容

蓝 V 账号可以发布广告类和营销类的内容且不会被限流。抖音对蓝 V 账号和个人号的创意内容审核规则实际上是相同的，蓝 V 账号必须遵守抖音社区规定，避免发布违规内容。

2．让主页更精致

蓝 V 账号的主页是吸引粉丝的关键位置。精致、专业的主页布局可以增加粉丝在主页的停留时间，吸引更多顾客到店消费。经营者可以在主页加入商家活动、热推菜品、优惠券等内容。

3．私信与回复的设置

蓝 V 账号能设置关键词自动回复。经营者一定要充分利用这个功能，保证粉丝私信时能第一时间得到反馈，从而提高到店率。

4．上架本地生活板块

本地生活板块是抖音线下布局的核心业务。餐饮店在蓝 V 账号认证通过后一定要认证门店、上架团购套餐，以吸引附近 3~5 千米的客流量。

5．升级企业 Dou+

餐饮店如果想通过 Dou+ 进行营销，一定要将个人性质的 Dou+ 升级为企业 Dou+，升级后，投放时的权限才会更多，短视频成功投放的可能性才会更大。

2.2.4 餐饮店的矩阵账号运营策略

抖音使用"赛马机制"对内容进行推荐，形成了平台的固有规则：一两条短视频未能吸引较大流量，并不代表短视频质量不佳；但所有"爆款"短视频必然是在合适的时间将优质内容推给合适的人群。合理利用该规则，餐饮店就能通过矩阵账号运营策略，提升短视频冲击"爆款"的成功率，使餐饮店覆盖的人群最大化，进而提升线上线下的产品销量。

"北京静香斋餐厅"这个抖音账号是静香斋餐厅的官方账号。该餐厅先是用官方账号探索矩阵可复制内容模板，然后用 22 个矩阵账号套用模板不断输出内容，用短视频为线下门店带去源源不断的客流。如今，"北京静香斋餐厅"抖音账号的粉丝数已超过 55 万。

图 2.2-3 所示为餐饮店的矩阵账号运营策略。

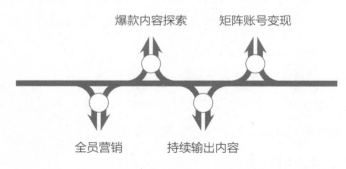

图2.2-3 餐饮店的矩阵账号运营策略

1. 全员营销

矩阵账号运营的成功基础在于拥有多个账号。单体餐饮店的经营者可以要求所有员工注册抖音号，连锁餐饮店的经营者则起码要让所有店长注册抖音号，这些抖音号可都以"餐厅名＋地区"的格式命名。每个账号就相当于一个线上门店。经营者拥有越多的线上门店，发布内容时就越能覆盖越多的人。

2．爆款内容探索

每个账号既可以发布相同的内容，也可以发布不同的内容。连锁餐饮店店长可以用不同的风格介绍自家的餐饮业务。单体餐饮店的经营者则可以围绕出餐、客户点餐、菜品展示、客户排队等内容进行创作。当某账号打造出爆款内容后，经营者应迅速总结形成可复制的模板，其他账号则利用模板跟进创作。

3．持续输出内容

门店打造多个"爆款"内容后，可以总结出适合自己门店的模板，并将其中不同类型的素材进行拆分组合，降低内容制作难度，保证所有矩阵账号能持续输出内容，从而提高门店曝光度。例如，前 10 秒展示菜品，中间 10 秒展示顾客点菜环节，最后 10 秒展示餐厅环境或排队场景。

4．矩阵账号变现

矩阵账号需要及时补充门店信息或线上团购信息，同时增加线上线下的变现渠道。一种高效利用流量的方法是直播。通过直播，经营者不仅能回答粉丝的疑问，还能拉近与粉丝的距离，与粉丝打成一片，利于引流变现。

2.3 餐饮店如何以优质营销内容撬动百万流量

在抖音，好的选题加上好的文案可以提高短视频流量的下限，配合合适的音乐与运营技巧，短视频就有更高的概率成为热门短视频，为餐饮店带来源源不断的顾客。

2.3.1 餐饮店抖音账号选题如何确定

餐饮店抖音账号尤其需要同城流量的支持。经营者选择同城顾客关注的选题就能让更多的同城顾客注意到账号的内容，并点赞、关注、转发，进而让系统将短视频推送给更多顾客。

图 2.3-1 所示为餐饮店抖音账号选题步骤。

图2.3-1　餐饮店抖音账号选题步骤

1．定主关键词

首先，经营者要找出与餐饮店有关的行业、人设、产品、用户、热点的关键词，如行业关键词有中餐、火锅、西餐等，人设关键词有较真老板、美丽老板娘、较真厨师等，产品关键词有粤菜、小龙虾、牛肉粉等，用户关键词有上班族、年轻人、中老年人等，热点关键词有西安摔碗酒等。多个关键词可以搭配使用。

2．搜索相关热门选题

经营者在百度、头条、微信、知乎、抖音、快手等平台输入相应关键词后，会找到大量信息，便可以此作为创作选题时的参考。

经营者在搜索时应注意利用筛选功能，例如在微信搜索栏里输入"常德牛肉粉"，便会出现许多公众号文章，经营者只需将筛选条件定义为按阅读量排行，则阅读量高的文章就会出现在前列，方便作为选题参考。

3．深度筛选加工

经营者选择合适的信息作为选题方向，并进行深度加工，直至创作出适合餐饮店拍摄短视频的选题，例如原信息为"这家烧烤店，每天半夜一点钟都还要排队"，为了凸显这家店烧烤的美味，我们可以将其加工为"四川成都的这家烧烤店，健身博主来了都迈不动腿是真的吗？"。

2.3.2 餐饮店爆款短视频的标题文案写作技巧

互联网上 80% 的点击量或播放量都是由标题文案贡献的，如果标题文案不佳，短视频质量再好也白搭。以下为爆款短视频常用的标题文案写作技巧。

1．制造畅销感

制造畅销感就是打造餐饮店的菜品很受欢迎的感觉，激发人们的从众心理，例如"每年卖掉 10 万只鸽子，全国 500 家分店，生意火爆"的文案，再配上店面食客爆满并排起长长的队伍的场景，就能制造出畅销感。

2．呈现原料的新鲜安全

顾客对原料的新鲜安全越来越重视。现包饺子、活鱼现杀、"还会跳动的牛肉"、农家现摘等字眼都可以给人新鲜安全的感觉，再配上新鲜原料的图片，这样的短视频会非常吸引顾客。

3．输出品牌价值

有品牌价值的餐饮店能让顾客吃得更放心。餐饮店的短视频标题文案中需要有有关企业品牌价值的内容，从而使餐饮店在同质化严重的餐饮行业中脱颖而出，如乡村鸡的"中式快餐领导者"，小罗臭豆腐的"深圳电视台都采访过的小吃"。

4．挖掘附加价值

账号可以在标题文案中用周边产品或特色食材引发顾客的好奇，让他们对菜品拥有更多期待，提高到店率，如"剁椒拌饭不吃肉""酸菜比鱼好吃""一个被奶茶耽误了的蛋糕店"等。

5．强关联

账号可以在标题文案中将餐饮店或菜品与本地顾客进行强关联，让本地顾客产生归属感，久而久之许多本地顾客就会默认该店在本地的地位，如"作为潮汕人，别说你没吃过这家牛肉店""重庆人的火锅乐园"等。

6．强化信任

账号可以在标题文案中自信地承诺菜品的美味，以吸引顾客的注意，如"不好吃不要钱""不新鲜免费送""味道不好绝不收钱"等。

7．曝光促销活动

为引流拓客，餐饮店经常做促销活动，因此账号可以在标题文案中将活动内容简洁明了地传达给顾客，如"迎七夕，菜品统统七七折""这里跳远定折扣"等。

8．打造豪爽人设

账号可以在标题文案中利用噱头等打造经营者豪爽的人设，如"今天喜欢的球员进球了，喝白酒免费"或"夏日爱心餐免费领"等。

9．"绑架"顾客

账号可以在标题文案中创造概念并将其植入本地顾客的脑海中，间接给予顾客新的消费选择，如"重庆人除了吃火锅，还吃楠火锅""阳江人的早餐，不只是猪肠碌，一碗热腾腾的牛腩粉同样能够唤醒味蕾"等。

10．名人效应

名人自带流量，账号通过在标题文案中"傍大腿"的方式可以"蹭"到一部分流量。

2.3.3 餐饮店爆款短视频中 BGM 的使用技巧

BGM 即短视频的背景音乐，在短视频中起着推进情节、烘托气氛、引导情绪、引发共鸣等作用，是短视频非常重要的一部分。

短视频的 BGM 不一定要用热门音乐，但和短视频内容的匹配度必须很高。许多经营者在打造短视频时，忽略了 BGM 的重要性，导致短视频难以引发粉丝的共鸣，起不到引流拓客的效果。

餐饮店想要打造爆款短视频，在 BGM 的选择上需要多加注意。图 2.3-2 所示为为短视频添加 BGM 的注意事项。

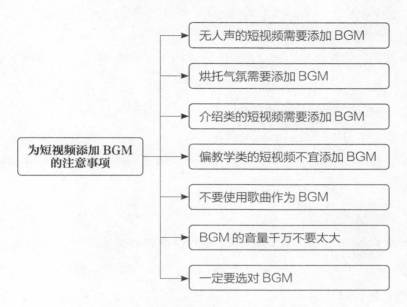

图2.3-2 为短视频添加BGM的注意事项

1．无人声的短视频需要加 BGM

当短视频中没有人声时，为使短视频看起来不枯燥，较好的方法便是添加 BGM，例如在展示菜品的电子相册类短视频中，就可以添加较为欢快的BGM。

2．烘托气氛需要添加 BGM

当短视频内容带有明显的情绪时，为进一步烘托氛围，即可添加相应的BGM，例如，为展示餐饮店生意火爆的场景，可以选择较为激情的 BGM；而当拍摄剧情类短视频时，可以根据内容调性选择相应的 BGM 来烘托气氛。

3．介绍类的短视频需要添加 BGM

餐饮店的抖音账号少不了要发布介绍类的短视频，因此需要为其添加合适的 BGM 来带动短视频的整体节奏。例如介绍美食时，可以选择曲风活泼的BGM；介绍创始人艰辛的创业历程时，可以选择伤感的 BGM。

4．偏教学类的短视频不宜添加 BGM

偏教学类的短视频的重点是展示教学内容，添加 BGM 容易分散观众的注意力。

5．不要使用歌曲作为 BGM

除特定情况下，只要短视频中有人声，就尽量选择纯音乐作为 BGM。如果选择歌曲作为 BGM，短视频中就会出现多种声音，这样很容易分散观众的注意力。

6．BGM 的音量千万不要太大

BGM 应始终处于辅助地位，过大的音量容易喧宾夺主，很容易让人觉得嘈杂。合适的音量是指人声正常播放时，BGM 刚刚能被听清。烘托气氛的 BGM 的音量可以稍微大一点，但千万不能大过人声。短视频中没有人声时，BGM 保持正常音量即可。

7．一定要选对 BGM

BGM 是带动短视频节奏的关键因素，一旦选错 BGM，将会直接影响短视频的情绪或内容表达。因此，BGM 一定要与短视频的内容调性与节奏相匹配。

2.3.4 餐饮店抖音账号的百万流量秘籍

许多经营者想通过抖音引流拓客，但拍了很多短视频之后还是没有流量。实际上，他们忽视了餐饮店引流拓客的两大核心要素，即"菜好"与"人好"。

1．菜好

餐饮店想要吸引更多的顾客到店，必须充分展示菜品的美味与制作的用心。以下是展示"菜好"的几个关键技巧。

（1）拍摄做菜过程。做菜的过程较为烦琐，后期剪辑的时候可以快进或者跳过，只留下关键环节。真正要展示的是能直接刺激味蕾的产品，给人香喷喷或者眼前一亮的感觉。这种短视频一旦"爆"了，经营者可以换文案或者BGM后反复发布。

（2）拍摄买菜过程。拍摄餐饮店员工在菜市场精挑细选、讨价还价的情节，不仅能展示食材的新鲜程度，还能植入餐饮店的经营理念。

（3）拍摄顾客感受。顾客感受能反映餐饮店的产品质量和服务水平，对此可以多加记录。

2．人好

完成了展示"菜好"的环节，顾客对餐饮店的信任度自然就高了。此时，为了真正实现差异化，餐饮店必须展示"人好"。

展示"人好"的本质方法是通过人物形象来引发顾客对门店、产品、服务的联想。具体来说，展示"人好"主要是通过贴以下3个标签来实现的。

（1）身份标签。这是指围绕员工身份来给餐饮店贴标签，如"米其林三星主厨""对食材吹毛求疵的主厨""一个懂烹饪的专业吃货"等，这些相对专业的身份标签可以展示出餐饮店对产品的品质要求之高。

除了贴专业的身份标签外，餐饮店还可以贴"潮人"标签，这可以吸引一部分追求时尚、潮流的顾客到店消费。

（2）人格标签。人格标签即短视频内容所包装的人物性格，它是由视觉效果、听觉效果和技能来综合展示的。短视频里人物的声音、着装、行动及态度等都能体现人物性格。

（3）符号标签。符号标签是短视频里的记忆点，可以是一句话、一件东西、一个动作。

北京、天津等地的餐饮店创始人在拍短视频的时候，喜欢穿20世纪七八十年代的衣服，这类短视频既有年代感，又让人记忆深刻。

2.4 餐饮店账号流量承接和拍摄剪辑技巧

经营者想要用抖音来吸引顾客，必须掌握一定的短视频拍摄剪辑技巧；在留住顾客之后，可以通过流量承接工具来实现自动转化。

2.4.1 餐饮店蓝 V 账号流量承接工具的使用技巧

餐饮店企业号发布短视频后，顾客对短视频的点赞、关注、评论，都代表着顾客对餐饮店的认可。但顾客每天会刷到大量短视频，如果餐饮店不能及时转化相应的流量，就白白流失了这些潜在顾客。因此，餐饮店企业号可以使用流量承接工具，转化每个有消费意向的顾客。

流量承接工具有很多，抖音企业号较为常用的是"获客宝"。一般的流量承接工具的核心功能如图 2.4-1 所示。

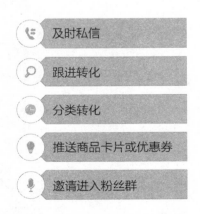

图2.4-1 一般的流量承接工具的核心功能

1．及时私信

当顾客刷到短视频后有点赞、评论、关注等行为时，流量承接工具会在一秒内以私信的方式向他们发送餐饮店提前设置好的信息，例如"谢谢您的关注。请问您是对我们的菜品感兴趣吗？可以留下您的联系方式，近期到店品尝还送精美小菜哦"。

2．跟进转化

对首次私信触达后没有反馈的顾客，餐饮店可以通过流量承接工具设置不同时间段的话术进行挽回。除此之外，餐饮店还可以通过定时群发功能将72小时内对流量产品感兴趣的顾客拉进直播间，最大限度地提高流量转化率。

3．分类转化

餐饮店可以将具有不同程度的消费意向的顾客进行分类，给他们打上标签后，采取不同的营销策略进行精细化运营。例如针对初次点赞的顾客，私信的话术偏向于发送福利信息吸引其到店；而对特定短视频点赞的顾客可能是对店内的环境、菜品等比较满意，因此私信的话术偏向于对顾客表示感谢，以提升其对餐饮店的好感度。

4．推送商品卡片或优惠券

如果有顾客点赞、评论涉及菜品或优惠信息的短视频，餐饮店可以直接推送商品卡片或优惠券给他们。一般来说，这种顾客的消费意向都比较强，推送商品卡片可方便其购买，推送优惠券则能降低其消费门槛，从而能提高流量转化率。

5．邀请进入粉丝群

进入粉丝群的顾客一般都是"铁粉"，餐饮店可以不定时地在群里发放一些福利。

利用流量承接工具可以最大限度地提高流量的转化率，对想要通过抖音来获客的餐饮店来说，熟练地使用流量承接工具是必备的技能。

2.4.2 餐饮店短视频拍摄理论与技巧

抖音拍得好，生意不会少。餐饮店需要靠诱人的美食视觉形象来勾起消费者的食欲，对短视频的质量和表现手法的要求相对比较高。为此，经营者需要掌握一定的拍摄理论与技巧。

1. 拍摄基础

新手在拍摄短视频的时候用手机即可。手机不仅能拍摄，还能剪辑，很容易上手，对于新手比较友好。在后期，如果对短视频质量有了进一步的要求，可以选择用单反相机拍摄。

一般而言，用手机拍摄时设置 1080p 的分辨率和 60 的帧率就可以了。抖音目前支持的最高视频分辨率是 1080p，更高分辨率的短视频在上传抖音后会被压缩。其次，使用手机拍摄前，一定要将镜头擦干净，还应打开手机设置里的"参照网格线"，方便拍摄时进行构图。

手机拍摄的优点在于便携，无须购买过多配件。不过，购买手机稳定器是非常必要的选择。手机稳定器可以让短视频的镜头类型更加丰富，画面更加稳定，但这也需要拍摄者掌握更多的运镜技巧。

2. 拍摄手法

拍摄短视频常用的手法有以下几种。

（1）平拍。平拍指手机与被摄物体呈同一水平高度，适合拍摄被摄物体由一个空间进入另一个空间的片段，例如用筷子夹着肉放进锅中、将冰块倒进杯子中等画面。

（2）45度斜拍。这个拍摄手法几乎适合所有美食类短视频，因为这个角度最接近人眼看物体时的常用角度，观众的代入感最强。

（3）俯拍。手机俯拍，这个角度适用于拍摄全桌菜式或者展示菜品的分量。

（4）慢镜头拍摄。慢镜头能够更丰富地展示食物的特征，例如用慢镜头展示烤肉吱吱冒油的场景会让人更有食欲。

（5）延时拍摄。延时拍摄主要用于展示环境、天气的变化效果，一般用于画面过渡，例如炖汤的时间一般都很长，通过延时拍摄便可以在短短几秒的镜头里表现炖汤的用时之久。

3．拍摄内容

下列镜头内容通常是餐饮店拍摄的短视频所应具备的。

（1）菜品的制作过程。拍摄此内容不仅可以展示菜品的烹饪手法，还可以展示食材的新鲜度，但镜头切换节奏一定要快，一个镜头展示的时间太长容易让人感到枯燥，通常要控制在10秒以内。

（2）诱人的食物特写。短视频应主要展示美食的诱人特征，让顾客看了过后垂涎欲滴，例如展示在案板上弹跳的猪脚，或刚从油锅中捞上来的松子鱼。

（3）火爆场景。经营者可通过拍摄餐饮店门口排队或店内坐满人的场景，展示餐饮店的火爆。当然，生意火爆不是天天都有的事，经营者可以从多个角度进行拍摄，多积累素材。

（4）打造人设。打造人设是账号运营的关键一环，也是营造账号差异化优势的最佳手段之一。餐饮店创始人可以真人出镜分享创业历程，谈论经营感悟，甚至是处理投诉事件，餐饮店也可以通过短视频来记录门店的成长，拉近与顾客的距离。

2.4.3 餐饮店短视频剪辑技巧

剪辑能影响短视频质量。为全面提升短视频质量，更好地展现短视频内容，经营者必须掌握一些短视频剪辑技巧。如图2.4-2所示。

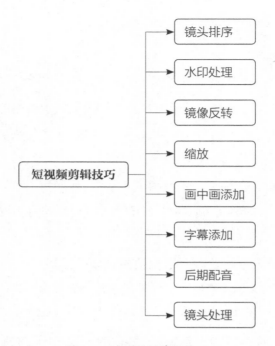

图2.4-2　短视频剪辑技巧

1．镜头排序

剪辑是为了让故事线更加清晰，叙事更加清楚。剪辑的第一步便是进行镜头排序，例如首先是门口的镜头，其次是人物进店的镜头，接着是餐厅环境的镜头，最后是菜品的镜头，这样短视频内容就会比较连贯。

2．水印处理

为防止短视频内容被同行盗用，经营者也可以在恰当的位置添加水印。

3．镜像反转

在用手机前置摄像头拍摄的真人出镜的短视频中，文字和图案呈现的方向会比较奇怪，经营者通过使用剪辑软件中的"镜像反转"功能可以让短视频的观感更好。

4．缩放

将短视频中的某个片段缩放，可以实现推或拉镜头的动态效果，让画面氛围感更强，短视频也更加有趣味性。

5. 画中画添加

经营者利用画中画功能可以为短视频添加背景、视频、贴纸、文字等素材，不仅能提高画面的丰富度，还能增强短视频的趣味性。添加画中画时一定要将素材的背景音乐去掉，以免形成杂音。

6. 字幕添加

添加了字幕的短视频能让顾客的观感更好。字幕需要与人物的嘴型相匹配。对于充满生活化场景的短视频，经营者可以通过添加花字或特效来增强其趣味性。

7. 后期配音

拍摄短视频时，如果收音效果不好或需要添加旁白，可以通过后期配音的方式，让顾客更贴切地感受短视频内容。经营者还可以根据短视频情节加快配音的播放速度或使用仿声特效，使短视频更具有可看性。

8. 镜头处理

拍摄的镜头较多时，经营者需要根据实际需求进行取舍。对于一些辅助镜头，可以适当地调整其帧数。在用短视频讲述故事时，慢镜头与快镜头结合可以使画面更生动。

当然，优质的短视频必然是拍摄和剪辑共同作用的结果，如果拍摄效果不好，画质不清晰或画面杂乱，剪辑也难以发挥相应的作用。

2.5 餐饮店直播策略与技巧

餐饮店直播相当于把店铺开到了顾客的手机里，能快速拉近餐饮店与顾客的距离，引发顾客消费。今天，越来越多的企业参与直播，流量的竞争越来越激烈，经营者必须掌握一定的直播策略与技巧。

2.5.1 餐饮店直播应该播什么

一般顾客打开餐饮店的直播间，关心的不是主播说什么，而是菜品的价格、食材是否卫生、门店环境或者门店服务等。因此，主播只需将这些重点信息告诉他们就可以了。

常见的餐饮店直播形式如图 2.5-1 所示。

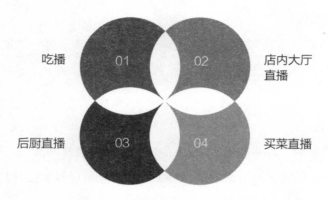

图2.5-1　常见的餐饮店直播形式

1．吃播

吃播是最为常见的餐饮店直播形式之一。主播可以在镜头前直接品尝特色菜品，边吃边介绍，也可顺带在直播间里卖团购套餐。

吃播虽然形式简单，但对直播间的环境搭建要求比较高，餐饮店应尽量在直播间中展示那些让人看了有食欲的菜品，而且要将桌子摆满，显示出菜品的分量足。需要特别注意的是，餐饮店直播应以品尝和介绍为主，而不能做成大胃王吃播。浪费食物是抖音严厉禁止的，有相关违规行为的账号可能受到封号处罚。

2．店内大厅直播

店内大厅直播主要是将店内高人气的现场画面传播出去，这种直播形式适合有一定客源的餐饮店，可以起到锦上添花的作用。此外，这种直播形式比较难留住观众，对于主播的话术要求比较高，否则很难让系统推送流量。

3．后厨直播

这种直播形式对于后厨的环境和卫生要求比较高，是线上版的明厨亮灶，很容易让直播间中的观众对餐饮店产生信赖感。目前，很少有餐饮店采用这种直播形式，因此这对于新兴的餐饮店来说是不错的选择。

4．买菜直播

直播采购食材不仅能满足直播间观众的猎奇心理，还能让他们对菜品质量感到放心。这种直播方式特别适合以生鲜类食材为主要食材的餐饮店，尤其是海鲜餐饮店。

2.5.2 餐饮店直播的算法研究

许多餐饮店都知道直播的重要性，经过精心准备、热烈开播后，却发现直播间没什么人气，其原因在于未能搞清抖音的直播算法。

抖音直播间的推送流程是系统先获取某个直播间的特征，然后将该直播间推送给相应的用户。

例如，A直播间主卖牛排，B直播间主卖北京菜。那么系统在提取到"牛排""北京"等特征后，就会将A直播间推送给平常对牛排感兴趣的用户，将B直播间推送给对北京饮食文化感兴趣的用户。

想要提高直播间人气，餐饮店就必须从以下方面入手。

1．开播时长

抖音官方明确指出直播间流量与开播时长有关，但开播时长不是影响直播间流量的唯一要素。主播如果口才过人，可以延长开播时间，但如果无话可说、与观众缺乏互动，千万不要为了混时长而在直播间里发呆，这样反而会对直播间获取流量起到反作用。

其实，新人直播时不怕开播时长短，比开播时长更重要的是持续直播。如果餐饮店坚持直播，久而久之系统自然会为其推送更多优质流量。

2．观众停留时长

观众停留时长是影响直播间获取流量的关键因素。观众的停留时长与直播间标签、直播间画面和主播的话术有关。直播间标签可以通过投放"相似达人"这一类的 Dou+ 和短视频来打造，直播间画面包括直播间呈现的场景、主播还有主播介绍的产品，主播的话术则一定要彰显产品优势。

3．观众互动量

观众互动量即观众在直播间的评论量、点赞量等。观众互动量跟主播的话术有关。想要直播间拥有更高的人气，主播一定要努力提高观众互动力量。

4．粉丝黏性

粉丝黏性，即直播时直播间的涨粉情况和粉丝观看直播的频次。直播前一天，主播可以通过发放福利的方式让账号粉丝关注直播间并清楚开播时间。在开播前一小时，主播也可以发预告视频，引导粉丝进入直播间。

5．转化率

如果餐饮店的直播内容是带货，直播间的流量还跟下单率、成交金额、好评率等指标有关。其中，系统更倾向于给转化率高的直播间分配流量。

此外，主播千万不能为了提高观众互动量或增加观众停留时长而采取骗赞、骗评论等不良行为。一旦被发现，直播间将受到严厉的惩罚。同时，观众投诉直播间等行为也会直接影响直播间的流量。

2.5.3 餐饮店直播运营策略与技巧

直播时，平台对直播间的推荐和该账号中已经发布的短视频的推荐是分开推送的，并非账号粉丝越多，直播间人气就会越高。我们可以看到，有些只有几万甚至几千粉丝的主播开播时，直播间却有几十万人，其中的奥秘在于他们懂得直播运营策略与技巧，用小成本撬动了大流量。图 2.5-2 所示为餐饮店直播间常用运营策略。

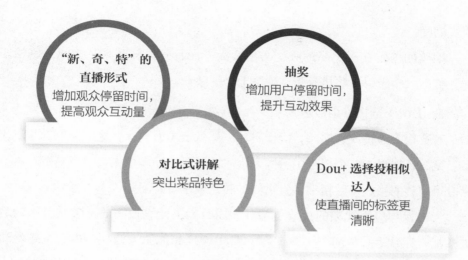

图2.5-2　餐饮店直播间常用运营策略

1．"新、奇、特"的直播形式

"新、奇、特"的直播形式可以增加观众停留时长和提高观众互动量，为直播间带来更多的流量，例如在直播间用石磨现磨豆腐或在装修复古的火锅店里直播，能营造怀旧氛围感，引发观众共鸣，提高直播间人气。

2．对比式讲解

主播在讲解菜品时，如果单一直白地讲出菜品的特色或优点，观众听起来索然无味。而采用对比式讲解，观众就能直观地感受到菜品的不同。

某主播在介绍海南文昌鸡时的话术是这样的："我们的鸡全部选用放养数月再笼养的海南文昌鸡。相比其他品种的鸡，海南文昌鸡的肉质更加香甜嫩滑，皮薄骨酥，非常适合用来煮火锅。"

3．抽奖

抽奖是增加观众停留时长与提高观众互动量的有效手段。随机抽取观众送出礼品或优惠券，可以吸引大量观众参与互动，系统也会因此分配更多的流量给直播间。

抽奖的关键在于奖品的吸引力度要大，而且其标签要与直播间标签相匹配，否则只会吸引一些热衷于"薅羊毛"的观众。

4．Dou+选择投相似达人

若有很多人进入直播间，但留不住，那就谈不上转化，这些流量都是泛流量。试想，如果100个想吃中餐的人进入西餐厅，有多少人会慷慨消费？由于相应短视频的投放不够精准，直播间的转化效率可想而知。

为确保相应短视频的投放更精准，同时为了使直播间的标签与直播内容更匹配，经营者可以采取"Dou+"工具中的投相似达人选项将内容推送给粉丝，确保用户画像和直播间标签的匹配度更高，这样直播间的留存率和转化率自然会更高。在投放短视频时，应选择合适的达人，否则会增加很多无效投放成本。

2.5.4 抖音小店的运营模式

抖音小店是抖音全力扶持的电商平台，如果餐饮店想要向预包装餐饮方向发展，开一家抖音小店是不错的选择。

越来越多的餐饮店都已经通过抖音小店的爆单产品打响了知名度，例如，豪客来通过抖音小店一小时卖出了近12000份牛排；徐记海鲜在选择代运营模式后，店铺销量不断上涨，单场成交额最高超过了150万元。

目前，市面上主要有4种主流的抖音小店运营模式。

1．自然流量模式

自然流量无须经营者主动投放，但想要有高销量，经营者必须具备较高水平的电商运营技术。

自然流量的主要来源是"搜索"或"猜你喜欢"，这两大流量入口对产品和店铺的权重考核要求非常严格。因此，获取自然流量的核心流程是分析产品的用户画像，找到用户购买产品时会搜索的关键词，选出转化率高的主图，选择目标用户购买意向高的产品，再给出一定的价格优惠。

2．达人模式

达人模式指借助达人"带货"的方式带动产品销售，再给予达人一定的佣金。采用达人模式的难点在于运营达人。首先要添加大量达人的微信，以便直接联系，其次要分析"带货"匹配度，根据达人的"带货"能力选择合适的产品。如果达人直播间的标签与产品属性不一致，就很难出现"爆单"的情况。

3．付费流量模式

付费流量模式是指直播间的投入产出比能保证盈利时，通过"小店随心推"等付费投放方式增加流量，从而获取更大的收益。

付费流量模式是当前抖音小店运营的主流模式之一，相较于自然流量模式，它更加可控，但由于其投放成本较高，对投入产出比的控制难度较大，因此不太适合新手。

4．代运营模式

当餐饮店想要通过抖音小店来提高品牌知名度，但又缺乏运营经验时，可以选择与专业的代运营公司合作。目前，市面上的抖音小店代运营公司很多，餐饮店应尽量选择有背书或成功案例的。

抖音的火爆，使得线上营销与线下营销的结合更加紧密。在巨大的流量浪潮中，餐饮行业的营销舞台正逐渐向线上转移。经营者如果想抓住移动互联网红利，就必须跟上时代步伐，学习更多的抖音运营技巧。

第 3 章

餐饮选址筹备：选对位置就成功了一半

选址是餐饮店经营的头等大事，选址的好坏会直接决定餐饮店的"生死"。经营者如能基于餐饮项目定位，把握选址原则和技巧，就能达到事半功倍的效果，为餐饮店的经营形成良好的开局。

3.1 餐饮店选址的 4 个原则

餐饮店选址不可急于求成，经营者需立足餐饮项目定位，把握选址原则，瞄准目标群体，找到具有优质人流量和便于驻足的门店位置。

3.1.1 确定好餐饮项目定位

不同类型的餐饮项目，其资金投入、运营方式、目标群体均有差异，因此定位也有所不同。

经营者在选址时，首先应确定餐饮项目定位，进而明确餐饮店在行业中所处的位置、面对的顾客类型和层次，进而选择与之匹配的营销方式。

确定餐饮项目定位时，经营者可以从自身优势和市场需求两个角度综合考虑。

除了选对定位角度外，经营者的行业经验及资源优势尤为重要。在确定餐饮项目定位时，经营者应选择熟悉且资源丰富的领域。同时，餐饮店立足于市场服务，离不开实际需求。经营者在确定餐饮项目定位前，需要深入调研，不但要了解顾客特征和需求内容，还要了解市场及区域内的竞品情况，以免陷入同质化竞争。

确定了餐饮项目定位后，经营者就可以进行选址。

经营者应针对餐饮项目定位，选择门店位置类型，比如海底捞、绿茶、西贝等连锁餐饮倾向于选择大型商超，肯德基、麦当劳等品牌加盟店更偏向于有着较大展示面、能提高品牌曝光度的街角门店，普通的大众餐饮店则多遍布于街边。因此，经营者在选择具体位置时需要把握一定的原则，比如选择消费群体流量大、驻足便利或停车方便的位置等。

做好餐饮项目定位后，基于餐饮项目定位选择的门店位置通常会更加合适，门店的运营自然也会事半功倍。

3.1.2 人流量不是影响选址的唯一因素

很多餐饮店会把人流量作为选址的唯一考虑因素。但人流量是餐饮店选址的重要影响因素而非唯一影响因素。除了考虑人流量外，经营者还需要注意以下几点。

1．人流量转化率

来往人群的饮食需求、习惯偏好、消费能力与餐饮店的定位、产品结构的匹配程度越高，那么来往人群转化成餐饮店客户的可能性就越大。

相反，有些位置虽然人流量比较大，但大多数人只是匆匆赶路，这样的人流量就难以转化成客流量，因此，人流量转化率是餐饮店在选址时需要考虑的重要因素。

2．"金角银边草肚皮"

门店选址向来有"金角银边草肚皮"的说法。

所谓"金角"，是指门店位于街角，这类门店的展示面大，品牌曝光度高，可以汇聚四面八方的人流。"银边"是指门店位于街两端人流进入的端口，相对而言，人流量较大。"草肚皮"是指街中间的那部分，此处的人流较"金角"和"银边"来说更加分散。

3．截流

门店所处区域内如果有同类餐饮店，经营者就需要选择人流"上游"位置，这样门店可以优先接触潜在顾客，从而对该区域内的同类餐饮店进行截流。

选址时，除了考虑门店位置当前的人流量，经营者还应结合该区域未来的发展进行考虑。对于某些人口或消费潜力具有很强的成长性的位置，经营者不妨考虑提前布局。

此外，经营者需要综合考虑餐饮项目定位、门店特色、房租等，选择最合适的位置，不断助力餐饮店的客流量和营业额增长。

3.1.3 驻足便利

餐饮店附近驻足便利，就能给过往行人提供更好的就餐环境，增加来往人群转化为顾客的可能性。

在考虑和分析驻足便利性时，经营者应参考两大数据：目标群体的步行时间是否超过 20 分钟，跨越的街区是否超过 4 个。在交通高度发达的今天，出行方式早已不限于步行，经营者还需考虑其他交通方式的便利性。例如，部分顾客会选择开车到店消费，有些位置停车位不足，就不能认为其驻足便利；部分顾客会选择乘坐公共交通工具出行，临近公交站或是地铁站的位置就更加具有驻足便利性。此外，餐饮店所在位置还需避免有交通护栏、单行线等限制，以方便行人往来。

考虑驻足便利性时，经营者还需考虑门店周边环境氛围。很多餐饮店倾向于开在酒店、娱乐设施或者购物中心附近。原因是这些场所的公共设施完善，来往人群容易驻足，并容易进店消费。

同样是开在购物中心的两家 DQ 冰激凌店，一家所在的楼层有多家少儿培训机构，其生意就要火爆得多。原因是很多家长在带孩子上完培训课后，会在此给孩子买个冰激凌作为奖励。

在便于来往人群驻足的环境里，经营者需要不断利用现有优势，营造能促成潜在顾客消费的氛围，增强进店顾客的消费动力，将实际的客流量转化为门店的营业额。

3.1.4 不急于求成

根据相关数据，近 90% 的餐饮店的失败都是因为选址出了问题。因此，餐饮店选址很重要，例如餐饮品牌西贝开 50 家店要至少要进行 300 次选址。

麦当劳的华东地区总裁曾这样说道："麦当劳之所以开一家火一家，第一个原因是选址好，第二个原因是选址好，第三个原因还是选址好。"

"欲速则不达"，餐饮店选址更是如此。对大部分餐饮店来说，启动装修需要投入大量精力和资金，一旦选址失败，直接结果便是精力白费、资金损失。尤其是中小规模经营者，在选择门店位置时千万不能急于求成。如果没有好的门店位置，宁愿不开店。

经营者要想选到合适的门店位置，就应在餐饮店选址原则的基础上，结合餐饮项目定位及位置特点综合考虑。此外，目标位置的租金波动也是经营者需要考虑的重要因素。

选址时，经营者还需要观察和考虑门店位置可能存在的风险。随着经济的不断繁荣和科技的高速发展，市政规划变动时有发生。经营者在选址时就需要深入调研，多方考察。有些经营者为了找到合适、稳妥的门店位置，甚至会在目标位置生活一段时间。

对于餐饮店选址，经营者应多看多对比，抱有耐心和恒心，就一定能选到合适的门店位置。

3.2 餐饮店选址的 10 个技巧

餐饮店选址有很多技巧，经营者可以借此快速选出合适的门店位置。

3.2.1 交通便利

门店位置交通便利是餐饮店选址的首要考虑因素。所谓交通便利，不仅仅指步行便利，也包括乘坐交通工具便利。表 3.2-1 所示为主要出行方式的交通便利性参考指标。

表3.2-1　主要出行方式的交通便利性参考指标

出行方式	交通便利性参考指标
步行	目标群体到门店的步行时间不超过 20 分钟，跨越街区不超过 4 个
公共交通	门店临近公交站或地铁站
驾车 / 打车	门店周边避免有交通护栏、单行线等限制，门店拥有充足的停车位或周边方便停车

门店位置的交通便利性对餐饮店至关重要。交通便利的门店位置会大大减少顾客进店就餐所花费的时间和精力，保证顾客就餐前的愉悦心情。同时，在移动网络工具不断丰富的今天，越来越多的顾客在选择就餐门店时，会结合大众点评、百度地图等进行综合分析。如果顾客在查看门店位置后，发现很难抵达，其前往就餐的兴趣往往会大幅下降。

3.2.2 接近人群聚集的场所

人气对餐饮店来说至关重要。图 3.2-1 所示为高人气对顾客的积极影响。

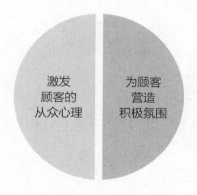

图3.2-1　高人气对顾客的积极影响

从众就是"跟风""随大流"，是一种普遍的社会心理和行为现象，即"大家都选择了这家店，我也应该跟着选择这家店"。有的餐饮店为了营造出高人气的氛围，会专门雇人排队，以吸引来往的人群进店消费。这种做法虽不可取，但也说明了人气的重要性。因为人气会影响顾客的主观判断。

事实证明，当餐饮店的人气高涨时，顾客在用餐过程中就容易感受到积极氛围。反之，顾客就会觉得处处不尽如人意。经营者在选择门店位置时，需要优先考虑人群聚集的场所。人群聚集是人气形成的先决条件，也是后期门店营业额的重要促成因素。

3.2.3 靠近品牌店

在选址时，经营者应学会"借力"，靠近更大的品牌店开店，就是很好的借力方式。图 3.2-2 所示为门店靠近品牌店的 3 个优势。

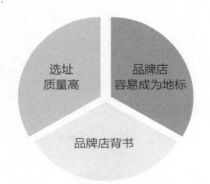

图3.2-2　门店靠近品牌店的3个优势

1. 选址质量高

品牌店在选址时会进行大量的调研工作，选址质量往往较高，且所选位置具有人流量大、驻足便利等优点。

2. 品牌店容易成为地标

品牌店本身就能成为明显的地标。如果门店靠近品牌店，那么顾客在定位门店的时候会更加容易、便捷，这便大大降低了顾客的寻找成本，也提升了顾客的心理舒适度。

3. 品牌店背书

被品牌店吸引的人群会很容易注意品牌店旁边的餐饮店，这为门店的引流带来了极大的可能性。此外，由于品牌店通常具有较好的口碑、较高的认可度，如果门店靠近品牌店，品牌店就会对门店起到一定的背书作用，无形中提高了门店的档次。

上述原则固然重要，但经营者在选址时依然需要综合考虑，不可生搬硬套。

首先，经营者需要了解品牌店选址的标准和目的。例如，有的品牌店在选址时考虑到品牌的整体布局或者未来的发展，会选择在当前并不成熟的商圈开店，此时商圈本身客源就不足，门店自然也会遇到客源不足的问题，开业初期亏损的可能性极大。

其次，经营者需要从餐饮店自身定位入手，综合考虑目标品牌店的特点后再确定选址。如果彼此的目标群体很相似，自己又不具有竞争性，那么靠近此类品牌店开店无疑是在自掘坟墓。反之，如果餐饮店的定位与品牌店的定位的互补性很强，靠近品牌开店就能很好地保证门店的稳定运营。

3.2.4 选择障碍物和窄巷少的地段

选择餐饮店位置时，经营者需要选择障碍物和窄巷少的地段，否则就会面对诸多经营弊端。

1．交通问题

障碍物和窄巷多的地段，本身就存在交通不便的问题。有的路段甚至会存在车辆无法行驶或不便掉头的情形，对行人而言也会存在安全隐患，从而增加了顾客的出行成本。

2．停车不便

除了交通不便外，停车不便也是一个问题。如果顾客进店前要先在周边寻找停车位，然后走过坑坑洼洼的路段，就很可能影响顾客在实际消费时的心情，让顾客获得不佳的用餐体验。

3．人气不足

如果有其他可选路线，顾客会倾向于避开出行不便的路段，这就导致了这些路段周边的人气不足，而人气不足又会直接影响餐饮店的客流量，这对一家餐饮店的经营来说是极其不利的。

4．形象不佳

顾客在进店前的绕道过程中，会明显感受到周边人气不足、环境不佳、交通不便，这将直接影响餐饮店在顾客心中的形象，无形中降低了餐饮店的档次。

3.2.5 选择人口增长快的地段

经营者在选择餐饮店位置时，应选择人口增长快的地段。

餐饮店的经营并非一成不变的，要想餐饮店得到长足的发展，经营者就需要把握当前的环境情况及经营状态，同时预判未来的环境情况及经营状态。这里的未来环境情况主要是指人口的增长情况。

对经营者而言，当前经营状态不错且未来发展会很迅猛的区域，固然是最佳选择，但这种好地段经常可遇而不可求。因此，当前环境欠佳、未来发展势头很好的区域也是值得考虑的。

相反，当前环境很好、未来发展可能欠佳的区域则需要经营者慎重考虑，而当前环境欠佳、未来发展势头也不好的区域则应直接放弃。

当前环境欠佳、未来发展势头很好的区域，主要为城市规划中新建的商业区、居民区等，这些区域属于政府重点扶持区域。得益于扶持政策，这些区域在未来的发展往往比较迅速，可以为店铺带来更多的客流量。对餐饮店来说，开在这些区域就能拥有巨大的发展潜力。

经营者在选址时，应结合目标区域的未来发展速度进行考虑，如果目标区域一直处于规划中，未来发展缓慢，那么餐饮店就会经历长期的环境欠佳阶段，这会让门店入不敷出，直接导致门店关停。

3.2.6 选取自发形成某类市场的地段

当某类商品或服务集中在某个地段或者街区，此处就会自然而然地成为这类商品或服务的"代言地"。例如，以小商品交易著称的义乌市场、以电子产品交易著称的"华强北"市场等。

经营者在选址时，可以考虑选取自发形成某类市场的地段，其优势如下。

1．交通便利

首先，能自发形成某类市场，说明该地段交通便利。人们在做事情时都会有"趋易避难"的心理，在购物消费时更是如此。此外，如果某个地段已经自发形成了某类市场，无论是政府还是该入驻地段的商家，都会尽量保证该地段的交通便利性。

2．人流量较大

能自发形成某类市场说明该地段的人流量较大。成为某类商品或服务的"代言地"之后，该地段便具有了一定的知名度，以"名气"吸引人气，自然能让该地段的人气越来越高。

经营者选择在自发形成某类市场的地段开店后，在确保门店稳定运营的基础上，如果能够深入研究来往人群的特征，仔细挖掘他们的消费特点，并能有针对性地设计营销活动，吸引目标群体进店消费，就能进一步确保顾客的后续消费，取得事半功倍的运营效果。

3.2.7 根据餐饮项目选址

餐饮店存在聚集效应，聚集的同品类餐饮店能最大限度地吸引和聚拢顾客。因此，经营者可以根据餐饮项目选址。

商场的高楼层会聚集大型品牌餐饮店，如果餐饮项目定位为大型品牌餐饮店，经营者就可以在类似的餐饮品牌聚集地开设门店。

表 3.2-2 所示为北京市部分 BHG Mall 小吃城入驻商家。

表3.2-2　北京市部分BHG Mall小吃城入驻商家

BHG Mall 小吃城	楼层	入驻商家
上地店	B1	CoCo都可、首尔紫菜包饭、花甲爱上粉、阿芮烤鸡爪、淮南牛肉汤、兄弟烤肉拌饭、玩儿串串、沙荃牛杂、阿甘锅盔、夸父炸串、鱼你在一起等
天通苑店	B1	渝是乎酸菜小鱼、鼎高高陕西美食、赤小二烤鸡爪、海盗虾饭·剥好的小龙虾饭、磨逗·豆花小吃、十二月铜锣烧、粒上皇等
常营店	B1	吉野家、蜜雪冰城、呷哺呷哺、蜀游记小面冒菜、好鱼鲜·老坛酸菜鱼、稻川岛、口留香等
顺义金街店	B1	胡椒厨房、池田寿司、乐食派麻辣香锅、鱼鱿天下、赛百味、玩儿串串、粒上皇、维口服无骨凤爪、和府捞面、梨花牛肉汤等

很多城市形成了独具特色的小吃街，例如位于贵阳市南明区的"二七路小吃街"，在这条全长近400米的商业步行小吃街中，排列着近80个商铺档口，经营着来自贵州各地、极具贵州特色的美食，具有鲜明的地域文化、历史特征和贵州小吃特色。如果经营者的餐饮项目属于小吃，就应选择这样的位置。

经营者应观察自身所选择的餐饮项目在当地的集聚地，无论是小吃街，还是大型商场，只要和餐饮项目匹配，就值得将之确定为门店位置。

3.2.8　商业区中心地段

商业区是指城市内商业网点集中的区域。商业区一般位于城市中心或交通便利、人口众多的地段，通常以全市性的大型批发中心和大型综合性商店为核心，由几十家甚至上百家专业性或综合性商业企业组成。

商业区人气旺盛、资源密集，能有效推动餐饮店的运营。经营者在选择餐饮店位置时，不妨考虑商业区中心地段。图3.2-3所示为商业区对餐饮店的积极影响。

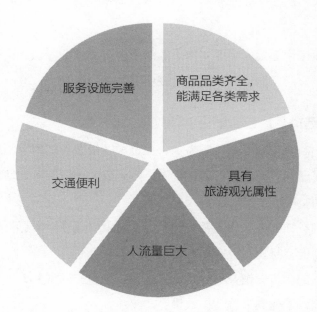

图3.2-3　商业区对餐饮店的积极影响

　　商业区通常面积较大，且不同位置的交通条件、环境和租金等均有差异，经营者在选择门店具体位置时还需要多方考虑、认真比对。

　　具体选择时，经营者可以结合以下几点进行考虑。

1. 位置

　　商业区内街道拐角的位置往往是比较理想的，街道拐角位于两条街道或两条人行通道的交叉处，有较高的曝光度，汇集着较多的人流量。

2. 环境

　　门店环境需要经营者重点思考。从空间角度而言，门店周边应有广告营销的空间。从街道环境角度讲，经营者需要避免路面与门店有高低悬殊的问题。从采光角度讲，门店需要有较好的采光性。

3. 交通

　　门店需要大量采购物资，经营者在选择门店位置时也应考虑到物资进出的便捷性，避免造成繁重的工作量。

4．成本

选择商业区中心地段需要支付不菲的租金，经营者应认真核算经营成本和预期收益，综合门店的财务状况确定该位置是否合适。

3.2.9 选择有广告营销空间的地段

营销是不断发现或挖掘顾客需求，促进顾客消费的过程。门店广告便是营销手法之一。经营者在选择门店位置时，有必要考虑门店所处地段是否具备充足的广告营销空间。

若门店拥有独立的广告营销空间，经营者就可以在对目标群体了解的基础上，结合门店的自身特点，有针对性地设计广告。

拥有独立的广告营销空间，经营者的设计操作空间就较大，受限制因素就较少，就能很好地达到广告营销效果。

广告营销空间还能起到吸引流量的作用。广告营销空间与门店通常相距不远，只要广告宣传到位，意向顾客就能在第一时间找到门店，也就大大提高了顾客进店消费的可能。

3.2.10 选择"由冷变热"的门店位置

门店所处的环境永远处于变化中，变化情况主要可分为"由冷变热"和"由热变冷"两种。对经营者来说，与其选择已经被行业看好的位置，不如选择目前未被看好但会逐步"变热"的位置。

一般来说，目前未被看好的位置的租金不会特别高，如果类似位置在未来有较大的发展潜力和空间，经营者就应考虑将其作为门店位置。采用这种选址技巧，经营者可以争取到较低的租金，也有可能在未来获得较高的收益。

当然，经营者在选择类似位置时，必须要慎重考虑、仔细比对。所谓"冷"的位置，不是毫无人气、冷冷清清，而是相对热门商圈暂时缺乏活力。同时，门店位置"由冷变热"的速度不能太慢。如果门店位置比较偏远，甚至是荒无人烟，且这种情况在短期内不会有所改变，就会极大地降低员工的热情和士气，甚至会导致门店经营的失败。

经营者在选择"由冷变热"的门店位置时，主要应该考虑周边的交通便利性、人流量，同时结合当地的发展政策等，全面评估该位置的未来发展情况；切忌一味追求低成本或盲目相信传言，否则将适得其反。

3.3 餐饮加盟店选址技巧

餐饮加盟店的选址技巧与一般餐饮店有所不同，掌握这些技巧能让经营者在选址过程中更加轻松，取得更理想的效果。

3.3.1 考虑环境特性

对于餐饮加盟店的选址，经营者主要应考虑环境特性。从宏观角度讲，经营者需要考虑社会整体环境对加盟品牌定位的接受度和需求度。从微观角度讲，经营者应根据加盟品牌定位选择合适的区域类型。区域类型不同，适合的餐饮品牌就会不同，门店所采取的营销策略也会不同。

通常而言，常见的区域类型包括商业区、工业区、大学区、娱乐区和住宅区等，分别适合不同类型的餐饮品牌进驻。例如，星巴克多见于商业区，而少见于住宅区。经营者还需要考察门店位置的周边环境，如果周边环境整洁、优雅，餐饮店就更容易吸引顾客。如果经营者能在店内营造舒适的环境，提供高品质的菜品及贴心的服务，将更容易促成顾客的二次进店。

餐饮加盟店需要先选择合适的加盟品牌，再选择适合该加盟品牌的区域类型，尽可能提高来往人群转化成进店顾客的比例。

3.3.2 考虑交通状况

选址时，经营者还应考虑加盟门店位置的交通状况，将其作为选址的重要决策因素。经营者应从多个角度进行思考、决策。图 3.3-1 所示为交通状况的评估维度。

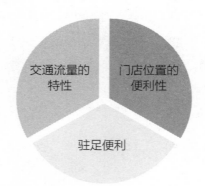

图3.3-1 交通状况的评估维度

（1）经营者需要考虑交通流量的特性，既要考虑门店位置当前的交通流量，又要考虑门店位置交通流量的顾客特性。小吃连锁门店和高端连锁门店的顾客群体是不同的，要充分研究顾客特性。此外，门店位置可以选在人流的上游，以便能在第一时间接触潜在顾客。

（2）经营者还应考虑门店位置的便利性。门店位置最好临近公交站或地铁站，且周边应避免有交通护栏、单行线等限制。对步行的目标群体来说，前往门店的步行时间不宜超过20分钟，跨越的街区不宜超过4个。经营者还需注意门店周边的道路平坦程度，避免坑坑洼洼的路段、障碍物和窄巷过多。

（3）驻足便利、环境氛围也是评估交通状况的重要维度。在此基础上，经营者如能不断营造能够促成潜在顾客消费的氛围，增强进店顾客的消费动力，那么餐饮店的运营就会取得事半功倍的效果。

3.3.3 考虑区域规划

经营者应清楚了解区域规划问题。如果门店拟开在待开发商圈，经营者必须明确该商圈在未来会规划为商业区、居民区，还是工业区、文化区等。如果门店拟开在成熟商圈，则经营者必须了解商圈3~5年内的建筑规划，即该时间段内政府在该商圈的拆迁重建、升级改造等计划。

麦当劳对新店址的考察期为3~6个月，主要考察内容是新店址所在区域的未来发展规划，考察方式是通过询问所在区域的相关部门或者委托专业的调查机构进行。如果目标区域或周边区域已被列入市政改造规划名单，或者触及市政改造规划红线，麦当劳都会毫不犹豫地放弃选择该区域。

麦当劳有如此严苛的选址标准，其扩张速度虽然比不上同类品牌，但是单店收益远远高于许多同品类餐饮店。

目标店址的区域规划影响着店铺未来的经营，经营者可以通过以下几种渠道准确知晓目标店址的区域规划。

1. 商圈物业管理部门

商圈物业管理部门除了负责商圈的日常管理之外，对商圈未来的发展规划也相对熟悉。经营者可以通过他们了解相关信息，同时要注意甄别个别人员为一己私利提供的虚假信息。

经营者可以向商圈物业管理部门的多人打听，然后将零散信息汇总之后进行综合评估。

2. 城市发展规划部门

城市发展规划部门是规划和实施城市区域拆迁重建、升级改造的专业部门，经营者可以通过他们了解目标区域在未来一段时间内的发展规划。一般而言，他们提供的信息是准确且可靠的，但经营者要耗费较多的时间成本和沟通成本。

3. 专业调查机构

选择委托专业调查机构是能使经营者省心又省力的选择。这些机构有专业的调查手段和得天独厚的相关资源。因此，众多餐饮加盟店的经营者在获取区域规划信息时会普遍采用该方式。

3.3.4 考虑市场竞争程度

市场竞争促进了餐饮企业的蓬勃发展，促使餐饮品牌向差异化方向寻求突破。故此，目标区域的市场竞争程度也是经营者需要考虑的重要方面。

表 3.3-1 所示为市场竞争程度考量标准。

表3.3-1　市场竞争程度考量标准

市场竞争程度	详细内容
直接竞争	目标区域有同品类、同规格、同档次的竞争对手
间接竞争	目标区域有同品类、不同规格或者不同档次的竞争对手
无竞争	目标区域没有同品类的竞争对手

经营者应根据目标区域特点进行具体分析。

目标区域中只有一个竞争对手时，经营者可以化消极竞争为积极竞争，加强与竞争对手的合作，实现共同发展。目标区域中如有两家以上的竞争对手，经营者就要分析对方品牌的市场认可度，通常情况下能规避竞争则规避竞争。

如果目标区域有同品类但定位不同的竞争对手，经营者则可在对商圈进行综合考评的基础上放心入驻。此时，两家餐饮店可以互为补充，满足不同客户的需要。

若经营者经过考察，发现目标区域并无竞争对手，此时餐饮店就有形成垄断经营的可能。但这在另一方面也可能意味着目标区域并不适合开餐饮店。

3.3.5 考虑价格承受能力

经营者既要评估自身对店铺租金、装修费用、经营成本的承受能力，又要对顾客的价格承受能力进行评估，了解加盟品牌的价格定位是否与顾客的消费水平相匹配。

星巴克深知店址一旦选错，变更成本极大。在选址工作中，星巴克理智地运用专业的"GIS 数据建模选址系统"对目标店址进行综合评估。星巴克对目标群体进行了精准定位，目标群体均为消费水平相对较高的都市白领、企业职员和追求高品质生活的人群。因此，星巴克将店铺开在了人流密集的高档商业区和白领云集的写字楼区域，这里的人群的共同特点是收入水平高，价格承受能力强，三四十元一杯的咖啡对他们来说是正常的。同理，星巴克从不将店开在价格承受能力低下的城中村和工业区。

下面是判断顾客的价格承受能力的方法。

1．开展问卷调查

经营者可以直接以问卷调查的方式了解目标区域内顾客的价格承受能力。为提高顾客的配合度，经营者可以主动赠送小礼品以示感谢。

2．参考同品类品牌定价

经营者可以通过外卖平台或者同品类品牌的门店，了解同品类品牌在目标区域的畅销产品的价格区间，由此推算顾客的价格承受能力。

3．顾客群的价格承受能力

经营者可以通过对外卖平台、商圈内门店的考察，了解顾客的消费品类及客单价，进而估算出顾客的价格承受能力。

3.3.6 考虑市政设施

加盟餐饮店选址要考虑的重要因素还包括目标区域的市政设施和服务。

市政设施包括能源供应设施、垃圾处理设施以及污水排放设施等。周围道路建设以及绿化设施也会影响餐饮店的用餐环境。此外，餐饮店要具备完善的通信设施与消防设施。

王某准备开一家火锅店，由于预算有限，打算将火锅店开在目前仍在开发中的园区内。园区向王某保证，园区开发会在半年内完工。王某认为半年的时间刚好用于进行店铺装修、人员招聘与菜品研发，于是开始着手新店开设工作。半年后园区完工，但是园区与市区的道路始终在修缮中，导致附近交通极不便利。最终新店少有顾客上门，王某只能选择关店。

此外，如下水管道损坏是否能及时获得修缮、绿化区是否有充足的人力维护等也是需要考虑的因素。餐饮店面向公众开放，且用天然气较多，容易发生安全事故，因此周边有足够的消防人员及治安人员是餐饮店安全经营的重要保障。

在市政设施较完备的区域，商圈的搭建更为完善，顾客更愿意来商圈进行消费。因此，无论是从人员安全的角度，还是以餐饮店经营的角度，市政设施都是影响餐饮店选址的关键因素。

3.4 餐饮店筹备注意事项

餐饮店筹备阶段有大量的准备工作，经营者首先要做好开店前的关键调研，以确定餐饮店的类型，并确定是否需要合伙运营。值得注意的是，算清账目也是筹备阶段的重中之重。

3.4.1 做好开店前的关键调研

餐饮店筹备过程中，经营者需要做大量的准备工作，开店前的关键调研就是其中很重要的环节。经营者可以从环境、顾客、竞争对手3个角度进行深入的调研。

1．环境调研

经营者首先要调研餐饮店所处的地理环境，如门店位置所处区域的地貌以及相应的气候条件等，这些都与顾客的饮食习惯息息相关；其次要调研餐饮店所处区域的经济及政策环境，比如所处区域的经济水平、当地居民的人均可支配收入、地方政府的扶持政策等。

2．顾客调研

餐饮店的服务对象是人，其营销活动也和具体顾客紧密连接、不可分割。经营者应不断倾听顾客的声音，了解他们的喜好，围绕他们的饮食习惯、口味偏好设计菜品，同时根据顾客的消费特点、消费水平进行定价，最后，综合顾客的消费习惯、消费偏好设计餐饮店的营销方案，不断满足顾客的需求，刺激其进行消费。

3．竞争对手调研

要经营好一家餐饮店，对竞争对手进行调研是必不可少的。经营者需要深入了解周边的餐饮店，掌握他们的经营特点、菜品特色及价格设计，结合周边餐饮店的整体情况找准并凸显自身的优势，进而以此吸引顾客。

做好开店前的关键调研，经营者就可以制定出合理的经营决策。

3.4.2 确定开什么类型的餐饮店

不同类型的餐饮店，在资金投入、运营方式、目标群体等方面均会有差异。经营者需要深入了解不同的餐饮店类型，并确定适合自身的餐饮店类型。

餐饮店的划分标准有很多。按经营方式不同，餐饮店可分为独资经营餐饮店、合伙经营餐饮店、连锁经营餐饮店等；按规模不同，餐饮店可分为特大型餐饮店、大型餐饮店、中型餐饮店、小型餐饮店等；按服务方式不同，餐饮店可分为餐桌服务型餐饮店、柜台服务型餐饮店、自助型餐饮店等；按照经营方向不同，餐饮店可分为餐馆、小吃店和饮料店。此外，餐饮店还可以按照菜系、风味等进行划分，比如分为中餐厅、烧烤店、火锅店、小吃店等。

餐饮店类型不同，其准入门槛也会不同。经营者在确定餐饮店类型时，需要深入了解、多方考虑。

1．快餐店

快餐店以简便快捷著称，常见的快餐店品牌有麦当劳、肯德基、老乡鸡、老娘舅、真功夫等。

快餐店的规模可大可小，小型的快餐店准入门槛较低，且具有投资小、见效快、回本周期较短的特点，对投资预算有限的经营者来说是一个不错的选择。

2. 零点餐厅

零点餐厅即点菜餐厅，是一种常见的餐饮店类型。顾客可以随意点菜，最后按消费金额结账。零点餐厅服务的顾客类型多样，供应的菜品种类也较多，对前厅的服务管理和后厨的菜品质量要求都较高。

3. 风味餐厅

风味餐厅主要提供有代表性的风味菜肴，且多为地方风味菜肴。风味餐厅在陈设布置甚至服务等方面也很有地方特色。因此，经营者需要对当地的风土人情有一定的了解。

4. 特色小吃

小到卖烤面筋、臭豆腐的摊位，大到主打肉夹馍的全国连锁店，都可以称为特色小吃门店。卖特色小吃的摊位，具有投资小、利润高、易操作的特点，但顾客对特色小吃的口味要求也较高，同时经营者需要靠销量来拉高整体的营业额。

经营者选择餐饮店类型时不能浮于表面，而是要深入了解不同餐饮店的准入门槛和经营难点，同时结合自己的优势加以考虑。

3.4.3 餐饮投资，是单独干还是合伙干

经营者是要一人独揽经营大权，还是要找到志向相投的合伙者一起经营门店？这是值得经营者慎重思考的问题。经营者可以从所需资源和支持、经营理念等角度进行考虑。

1. 所需资源和支持

餐饮店经营复杂又烦琐，涉及食材的采购、存储及制作，餐品的定价，前厅的服务，资金的流转，等等。要做好餐饮店开店前的筹备工作，经营者需要

在行业内有很深的积淀和丰富的资源，这对经营者来说要求极高。这时如果有一个合伙者能补齐经营者的短板，在经营者优势或者能力不足的地方给予支持和帮助，就能极大减轻经营者的压力，让餐饮店更好更快地运转起来。

2．经营理念

在考虑合作的前提下，经营者需要进一步了解合伙者的经营理念，如果双方理念一致、志趣相投，后期的合作过程就是和谐、愉快的，否则双方就会在实际合作过程中出现较大的分歧，甚至会影响餐饮店的正常经营。

俗话说"合伙的买卖难做"，经营者需要切记不可只顾当前需要，而忽略了餐饮店长期稳定运营的需要。

餐饮店筹备阶段出现资金不足的情况时，有合伙者能及时补齐餐饮店运营所需资金，但是合伙者的餐饮项目定位与经营者不一致，这个时候该如何取舍？经营者需要知道，资金到位固然重要，但是经营者对餐饮项目的定位、自身的行业积淀以及对餐饮店的愿景同样重要。此时，经营者需要立足当下，着眼未来，综合考虑，做出最合适的选择。

权力和责任是一致的。单独干时，经营者权力集中，但责任也很大；合伙干的时候，人多力量大，责任也会有人一起分担，但权力会分散。相比而言，人多就意味着会有不同的意见和分歧，如果经营者选择合伙干，就一定要在事前深入了解合伙者，约定好各自的权责，以免后期影响餐饮店的稳定运营。

3.4.4 算清账目，筹集开店资金

餐饮店正常运营前会涉及较大的成本投入，比如门店的租金、店内的装潢费用、桌椅的采购费用等。经营者需要算清账目，筹集开店资金，让餐饮店有条不紊地运转起来。

经营者在考虑餐饮店账目时，可以从期初运营费用、设施设备费用、装修费用、资金利息等角度梳理。

1．期初运营费用

期初运营费用包括门店的租金、门店的开办费用、员工前期的工资、食材采购费用、能源消耗费用等。

门店租金相对比较固定，但是作为一项较大的支出，租金的支付方式会直接影响门店的资金情况。因此，在门店租金方面，经营者不但要清楚租金具体是多少，还要了解租金的支付方式。

2．设备设施费用

设备设施费用也是餐饮店筹建费用中一项较大的支出。餐饮店类型不同，所涉及的设备设施也有差异。表3.4-1所示为餐饮店筹备所需的主要设施设备。

表3.4-1　餐饮店筹备所需的主要设施设备

类型	名称
厨房设备	烹饪设备、贮存及冷藏设备、洗涤设备、加工设备、保温设备等
采购设备	购货用车等
其他大型设备	空调、通风设施、音响设施、安全消防设施等
家具	桌子、凳子、餐具柜、衣帽架等
餐具和器皿	碗、盘、盆、勺、刀、叉、筷等，以及各种酒具、茶具等器皿

3．装修费用

装饰费用主要包括门面外墙装修费用和门店内部装修费用。

4．资金利息

经营者在筹建餐厅时可能会贷款，资金利息即指经营者按规定所需偿还的贷款利息。

经营者可以结合实际情况，梳理开办餐饮店所需的资金，充分做好资金预算。此外，开办餐饮店并非投资一次就可以了，筹备工作结束、餐饮店正常运营后，经营者随时会面临着各种支出。因此，经营者需要及时了解门店的资金流，评估门店的经营效率，并积极参与门店运营。

3.5 餐饮店开店资金筹备策略

充裕的资金是餐饮店顺利开张的重要因素。厘清餐饮店开店所需资金并提前筹备到位，是保证餐饮店有条不紊运转的前提，也是餐饮店后续能不断创造经营佳绩的基石。

3.5.1 筹备开店资金的方法

资金充足并得到合理运用，餐饮店才能持续稳定地经营下去。经营者在筹备资金时，有以下几种方式可参考。

1．使用个人积蓄

大多数经营者投入餐饮店的资金是个人的积蓄，完全自有，因此经营者受到的约束较少，拥有较大的话语权。

2．合伙筹资

当经营者的自有资金不足时，与他人合伙也是不错的办法。不过，合伙经营固然可以减轻资金压力，但也可能会带来一些风险和问题。

经营者不可一味追求合伙者资金充裕，还需要慎重考虑合伙者的志趣、毅力，最好是找到理念、目标与自己一致，在经验和优势上又能与自己互补的合伙者。

3．申请贷款

开店资金不足时，经营者也可以向银行或者其他金融机构申请贷款。具体贷款的申请受各种因素影响，经营者需要具体向相关机构咨询。

4．天使投资

所谓天使投资，是指投资者对处于创建期和成长期的中小企业进行股权或债权投资，并参与企业管理，以获得较高的报酬的一种投资方式。如果餐饮店本身具有鲜明的特色、清晰可行的商业模式，经营者就可以考虑寻求天使投资以筹集餐饮店经营的"第一桶金"。

由于寻求天使投资的人很多，这就要求经营者具备足够的实力，可以从众多竞争者中脱颖而出。比如成立于2019年的休闲小吃品牌夸父炸串，凭借"特许经营小店模型"的商业模式，不断打造连锁门店，在3个月内实现两次融资，融资金额高达近亿元。

5．扶持政策

不少地方政府会提供一些扶持政策，比如创业基金政策等。这些政策可以为创业者提供一些创业的初始基金，经营者不妨关注相关的政策资讯，以筹备餐饮店开店资金。

无论采取哪种方法，经营者都需要充分考虑到餐饮店运营过程中的各项资金支出及潜在风险，并及时筹备充足的开店资金。

3.5.2 合伙筹资时的3个注意事项

合伙筹资是筹备餐饮店开店资金的常用方法。在运营过程中，合伙筹资可以减轻经营者在资金方面的压力，但由于合伙者的介入，部分风险问题从资金层面转移到了管理层面。例如，合伙者是否承担具体职责、双方在餐饮店的经营上出现分歧时如何决策、餐饮店赢利后如何分成等，这些问题如果处理不好，就会影响餐饮店的稳定运营。因此，在进行合伙筹资时，经营者应重点注意以下3个事项。

1．合伙者不宜过多

在餐饮店的实际经营中，合伙者越多，不同的意见就会越多，也就越容易出现分歧，即俗话说"合伙的买卖难做"。经营者在考虑合伙筹资时，选择的合伙者不宜过多，通常1~2人足矣。

2．与合伙者达成经营共识

经营者在寻找合伙者时，切不可一味以资金实力为选择合伙者的标准。相比资金，更重要的是合伙者的志趣、毅力，以及他们的经营管理理念。合伙者和经营者最好能充分达成共识，在经验和优势上做到互补。

3．事先约定好权责

合伙筹资时，各方应事先约定好权责，签订合伙协议书，将责、权、利等事项谈清楚。对于合作中涉及的操作细节和权责点，各方需要明确、详实地将其写入合伙协议书，以避免后期产生矛盾和纠纷。

合伙协议书应明确每个合伙者的管理权限、管理范围、合伙期限，以及出现违约行为时的处理方式。在管理权限上，创始人需要有一定的决策权，以避免后期被踢出局；在管理范围上，经营者和合伙者必须要明确各自的分工及责任，并且互不干扰。此外，对于合伙者的投资额、所占股份比例、利润分配方式等，合作协议书中要有明确的描述。

经营者需要牢记，不可完全按出资比例来确定股权比例。对于不承担实际运营职责的合伙者，可以在回本前和回本后为其设置不同的分红比例。此外，各方要遵守基本的商业规则和竞业规则，做好餐饮店运营的保密工作。

3.5.3 如何约定利益分配与退出机制

合伙创业时，利益分配是无法逃开的话题。在餐饮店实现盈利之前，各方就应将利益分配规则设定清楚，避免未来因利益分配问题产生矛盾。

张某与袁某合作开一家麻辣烫店，两人是从小玩到大的朋友，有了创业的想法后急匆匆成立了新店，利益分配等事务一概没有谈论过。经营了一年后，两人在分配利润时出现了问题。张某认为自己出了钱，理应拿走大部分利润，留一小部分给袁某当工资就行。袁某认为，开店的主意是自己先提的，门店经营与菜品开发都是自己负责的，没有自己这家麻辣烫店根本不会存在。两人争执不休，最终散伙了事。

投资回报比例大都和股权有关，股权比例可根据股东提供的价值确定。图 3.5-1 所示为餐饮店股权设计构想。

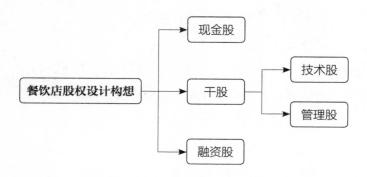

图3.5-1　餐饮店股权设计构想

餐饮店股权可以在最初设立为三大部分，一部分为现金股，另一部分为干股，若餐饮店有扩张需要就再设立融资股。其中，现金股为通过出资获取的股权，干股包含技术股以及管理股。干股股权的分配可以进一步细化，创业者除了对提供技术与管理的合伙者赋予相应的股权，也可以预留一部分股权用作团队激励。如果创业者最初的设想是开连锁餐饮店，就需要预留一部分融资股权以满足未来店铺扩张的资金需求。

合伙者的具体股权比例分配，需要根据合伙者的个人贡献确定。若产品核心竞争力依赖于某种独特的技术，则技术合伙者占的股权比例较大。若产品本身较为大众，需要通过一定的管理来带动销售，则股权比例的分配需要倾向于管理合伙者。

股权最好不要是几位合伙者均分，至少需要有一人是股权的多数拥有者，这样决策才容易做出。如果要开办的是连锁餐饮店，那么最初的合伙者数量应为单数，以免造成决策复杂。

餐饮店的投资与经营建议分开。投资人应和经营者约定好彼此的权利与义务。投资人未必有能力做出正确的决策，让身居一线的经营者做餐饮店相关的经营决策是更为合适的选择。

除了利益分配外，餐饮店合伙者还需要约定退出机制，并讨论损失该如何分配。

3.5.4 餐饮创业融资计划书

餐饮创业融资计划书（以下简称"计划书"）是有关市场营销、产品生产、人力职能、财务计划的综合计划书，内容包含餐饮创业的种类以及资金规划、产品特征、营销策略、风险评估等。

1．封面

首先，计划书需要有一个美观的封面，以给投资人留下良好的初步印象。在计划书的摘要部分，餐饮店创业者应撰写计划的重点，让投资人一目了然，在最短时间内对该餐饮项目做出评判。

2．餐饮店介绍

餐饮店数量众多，要让投资人心动，餐饮店必须有自身的特点。

在对餐饮店进行介绍时，创业者需要说明餐饮店的经营理念及其形成过程，以及餐饮店未来的发展战略。创业者不能只是展望未来，更要从实际出发，全方位地对餐饮店进行评价。

计划书中也需要对合伙者的背景以及特长进行介绍，因为个人素质是创业成功的核心因素。

3．产品说明以及市场分析

创业者需要说明所处行业特征、餐饮店经营范围。餐饮店产品的独特之处、产品针对的顾客及其痛点、需求，餐饮店对标的竞争者以及各自的优劣势等也都要体现在计划书中。

创业者需要对该餐饮创业计划的独特性进行详细描述。例如，产品的研发过程、产品的推出计划和成本分析、产品的市场前景预测等。创业者需要证明该餐饮创业计划有较大的概率获得成功，以打动投资人，并解释清楚以下问题。

（1）顾客可以从该餐饮店中得到什么好处？

（2）该餐饮店与市场上的竞争者相比有什么优势？

（3）顾客为什么会选择该餐饮店的产品，而不是竞争者的产品？

（4）该餐饮店对自己的产品有无保护措施，是否有专利或者其他核心竞争力？

（5）该餐饮店是否能实现盈利？多久能实现盈利？

4．其他事项

除了产品，计划书中也需要对餐饮店的人员配备、组织结构等进行介绍。例如不同人员或部门的职能、股东名单、分股计划以及人员报酬体系等。

创业者在计划书中夸赞自己的产品或计划是必须的，但是更需要诚实地面对可能存在的风险。创业者理应向投资人积极预测未来，也应向投资人表明可能遇到的困难，才能赢得投资人长久的信任。

第 4 章

餐饮店设计：如何提高消费频次与满意度

　　"颜值即经济"，赏心悦目的事物通常会受到更多关注。餐饮经营和消费过程同样遵循这一原理。当餐饮店面形象经过精心设计，能迅速引起顾客的注意时，你的生意也就成功了一半。

4.1 餐饮店店面如何设计

实体门店是餐饮行业的大本营，所有和餐饮业务有关的迎客、出餐等工作都要在该区域内完成。如何设计店面？如何布局空间？这些问题直接影响顾客的消费频次，决定餐饮店能否盈利。

4.1.1 餐饮店门脸如何设计

餐饮店门脸是顾客进店第一眼看到的地方，其设计要讲究定位明确、层次分明、因地制宜。

图 4.1-1 所示为餐饮店门脸设计的 3 个原则。

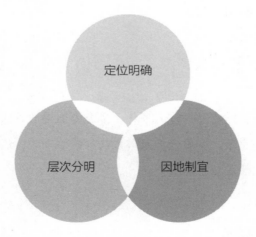

图4.1-1　餐饮店门脸设计的3个原则

1．定位明确

餐饮店门脸就是餐饮店定位的呈现，其能告诉顾客这里销售什么产品、提供何种服务、创造何种体验。

大多数餐饮店门脸的空间有限，为在有限的空间内准确表现产品的内容，餐饮店门脸的设计应明确、直白、简洁，比如费大厨辣椒炒肉、南京大排档等店铺的门脸设计都能让人一看便知其主要产品。

2．层次分明

顾客在选择餐饮店时，首先会考虑品牌，其次才考虑品类。如果餐饮店还不具有足够高的品牌知名度，就要利用门脸上的文字、图案等体现品类。尤其当品牌名称不能与品类形成强势联想的时候，餐饮店更需要在门脸上加以体现。

顾客初次关注餐饮店门脸的平均时间只有 5 秒，在这么短的时间内，顾客不可能关注所有内容，经营者要为顾客创造优质记忆点，以达到吸引顾客的目的。

部分餐饮店喜欢在门脸上加上营业时间、分店地址、电话号码等内容，仿佛内容越多就越吸引顾客。但实际上，没有几个顾客真的是通过门脸来了解这些内容的。他们更关心餐饮店的特色菜、上菜速度、服务态度和价格。因此，门脸上应突出顾客关心的这类内容。

3．因地制宜

门脸是餐饮店的主要外部标志，是顾客的首次接触点，很大程度上体现了餐饮店的品质与气质。但餐饮店的门脸设计不是越奢华越好，必须符合经营者对项目、顾客的定位，同时设计者要遵循经济节省的原则，将重点放在布局设计上，使门脸尽量贴合周边的环境，以引发顾客想一探究竟的兴趣。

4.1.2 餐饮店灯光如何设计

现在，很多餐饮店都为迎合顾客而营造不同的气氛。无论营造何种气氛，灯光设计都至关重要。表 4.1-1 所示为餐饮店灯光设计应该遵循的原则。

表4.1-1 餐饮店灯光设计应该遵循的原则

原则一	光照自然，菜品和人在光照下不失真
原则二	避免直射顾客使其产生不适感
原则三	颜色、风格等要符合品牌定位、品类特征和消费水平
原则四	整体上与周边环境融合，但也要有所区分

餐饮店灯光设计有着不同的价值。

1．可以营造出好的消费场景

顾客选择什么餐饮店要看具体的消费场景，如情侣约会、家庭聚餐、商务宴请等。消费场景不同，所需要的气氛也就不同。在餐饮空间中，灯光不仅有照明的作用，合适的灯光设计还能起到营造消费场景、烘托社交气氛、打造社交空间的作用。

2．可以提升消费体验

在餐饮行业，除了菜品的质量外，菜品的呈现方式也是竞争的重点。经营者如何在菜品呈现上赢得顾客的青睐呢？其中，灯光起着很重要的作用。光影搭配、明暗协调以及色彩、角度的调和等都能在还原菜品真实色彩的同时，赋予顾客更好的感官体验和消费体验。

3．区域灯光的功能价值

不同区域的灯光有不同的功能，经营者应予以区分。

（1）入口处。餐饮店入口处的灯光应比整体空间明亮，这样既能提高餐饮店的美观度，又能提高入口处的亮度，还能迎合人类视觉的普遍驱光性，让顾客更容易发现。

（2）吧台。吧台灯光的主要功能是进行视线引导，吧台灯光的亮度要适当高一点，以方便迎宾、结账、开票等工作的开展。

（3）卡座区。卡座区相对于整个空间来说，所占的比例较大，设置的餐桌也较多，经营者在保障卡座区亮度足够的前提下，要注重每个卡座的私密性，营造出温馨、舒适的就餐环境。

（4）包厢区。包厢区相对于卡座区的私密性更强，包厢区的亮度因此可以更低，重点提高包厢桌面的亮度，以方便点餐、就餐即可。

4.1.3 餐饮店前厅如何设计

在餐饮店，顾客会将不少时间用于排队、点餐、买单等，如果前厅过于拥挤，会使顾客感到不适。

前厅既是顾客的消费空间，也是服务人员的工作空间。餐饮店结合不同功能对这一空间进行重构，能提升顾客的消费体验，也能提高服务效率。

1．功能面积分析

设计前厅时，经营者应根据餐厅的经营定位，界定目标群体，了解目标群体的消费习惯和需求，兼顾服务人员的使用需求，得出餐饮店前厅所需的功能面积。

2．功能面积配比

经营者计算出餐饮店前厅所需功能面积后，还需根据整体空间的面积、单一空间的使用频率、空间承载量等因素，进行科学分析，从而得出各空间的功能面积配比。

3．功能区域划分

确定了各空间的功能面积配比后，经营者需对餐饮店前厅进行功能区域的划分。

就餐空间是整个餐饮店的核心，是面积较大、空间连贯且与其他功能区域互有联系的区域。服务空间、公共空间则根据便利性、经济性原则多被安排在偏角落的位置。

4．动线设计

动线设计是指对各功能区域进行有机的连接。设计动线时，经营者要在尽可能保障服务路径最短的前提下，将顾客与服务人员进行分流。同时，做好各功能区域的衔接，保证所有功能区域衔接顺畅。

4.1.4 餐饮店后厨应避免的设计误区

后厨是厨师的主要工作场所，决定了出餐品质，是餐饮店的核心竞争阵地。现代厨房中的设备越来越多，管理要求也越来越高，经营者在进行餐饮店后厨设计时容易陷入以下误区。

（1）追求新颖而忽略了实用性。部分餐饮店在新建或改造厨房时，忽略了设备的实用性，不能很好地满足实际的烹饪需求。少数厨房设备虽然新颖，但功能过于超前，实用性不强。

（2）片面追求猛火旺灶。广式炉灶的基本特点是火力猛、易调节、好控制，但不代表其适合所有的烹饪方式，例如淮扬菜讲究炖、焖、煨。如果经营者进行厨房设计时不考虑这些因素，食材的口感和质地就难以保证。

（3）片面追求独立空间而忽略了效率。有些餐饮店将偌大的后厨按纵横方向分割成若干独立的工作空间，但未能考虑工作空间之间的衔接，没有做好动线设计，导致各个工作空间相互封闭，既提高了食材在各个工作空间之间的转运难度，又难以让厨师团队相互关照、提高效率，还存在严重的安全隐患。

后厨设计应紧紧围绕餐饮店的定位和风格进行，充分考虑其实用性和便利性。此外，经营者还要充分考虑后厨的通风问题及用电、用气的安全性。

4.1.5 餐饮店爱心区的设置

餐饮店设置爱心区既能体现餐饮店对困难人士的关心照顾，又能吸引顾客的关注并使顾客对餐饮店产生好感，可谓一举多得。

餐饮店在设置爱心区时，既要便于被外界知晓，又要注重保护被帮助者的隐私。

（1）爱心区的空间不必过大。餐饮店应将爱心区设置在需帮助者能轻松找到的地方。经营者在门脸、招牌或店内指引牌等处要标识出相关文字，提供相应的指示，准确引导需帮助者前往爱心区。

（2）爱心活动应是发自内心的，经营者不能将其看作单方面的施舍。餐饮店的爱心区，要注重保护被帮助者的隐私，让被帮助者感受到被平等对待。因此，爱心区宜设置在安静的位置。

此外，爱心区应提供足够的设施。例如，为老年人提供爱心餐时，除了配备桌椅等基础设施外，还应针对性地提供不锈钢餐盘、汤勺等，如果爱心区主要用于环卫工人等室外工作者进行休息，可以根据天气提供凉茶、西瓜或者绿豆汤等。

爱心区设置得当、服务体贴，除了能传播爱心，还可以帮助餐饮店树立起良好的口碑。

4.2 实体菜单和电子菜单如何设计

随着时代发展，电子菜单的普及程度越来越高，但也有餐饮店还在坚守使用实体菜单。无论是实体菜单还是电子菜单，其基本功能都大同小异，设计思路也有相似之处。

4.2.1 菜单排版如何设计

好的菜单排版能让顾客的注意力迅速聚焦到餐饮店推荐的菜品上，引导顾客消费。

菜单排版妙招如表 4.2-1 所示。

表4.2-1 菜单排版妙招

项目	主旨	措施
妙招一	聚焦主打菜品	打造属于自己的"爆款"，精准筛选出受顾客欢迎的主打菜品
妙招二	设置阶梯价格	价高与价低的菜品都有，给顾客更多的选择空间
妙招三	弱化价格影响	菜品不能简单按照价格高低的顺序排列
妙招四	丰富食材种类	菜品应有荤有素，且荤素搭配要合理

1．聚焦主打菜品

餐饮店要积极打造"爆款"，将之作为主打菜品。餐饮店可以根据顾客的点击购买率，精准筛选出受顾客喜欢的主打菜品，并将主打菜品放在菜单的醒目位置，方便顾客和服务人员第一时间看到。

2．设置阶梯价格

餐饮店要善于利用阶梯价格对菜品进行区分。

顾客点菜时，如果发现菜品的价格差异不大，可能会觉得所有菜品档次差不多。为此，餐饮店应为菜品设置阶梯价格。例如，季节性更换菜品时，可以保留原本价格偏低的老菜品，但也要推出价格较高的新菜品。这样，既能让原先喜欢便宜菜品的老顾客不会望而却步，也能有效引起顾客对新菜品的兴趣。

3．弱化价格影响

大部分菜单的排版以图片为主，价格可能并不起眼。餐饮店不能简单按由高到低或者由低到高的价格顺序排列菜品，否则很容易让对价格敏感的顾客感到不适，从而失去消费欲望。

4．丰富食材种类

餐饮店要想扩大顾客的选择空间，丰富食材种类很重要。例如，菜品应有荤有素，荤菜如鸡肉、鸭肉、牛肉、羊肉、海鲜等，素菜如绿叶蔬菜、菌菇、豆制品等，且荤素搭配要合理。

经营者应根据门店状况，准确分析一段时间内的销售数据，适时对主打菜品或不受欢迎的菜品进行调整，并主动对菜单排版进行优化升级。

4.2.2 菜单图片如何设计

经营者对菜单图片的设计不能大意，其背景、元素、图案、配字等都应加以充分优化。

通常而言，实体菜单更多被提供给堂食顾客使用，以此提升其消费体验。而电子菜单不仅用于堂食，也用于外卖。这是两者在设计出发点上的差异。因此，在使用电子菜单时，顾客可能更为缺乏耐心、对价格更敏感，经营者必须合理发挥菜单中图片的感官作用，从而增强与顾客的互动，引导顾客消费，促进菜品销售。

经营者设计菜单图片时的注意事项如下。

1．提升视觉体验

菜单图片应做到清晰、整洁、还原度高，要让顾客一看就产生食欲。很多经营者在设计菜单图片的时候，容易陷入这样的误区，即片面重视单张图片的质量而忽视整体组合效果，重视实体视觉效果而忽视电子端呈现效果。

此外，主打菜品图片占比面积较小、菜品图片与背景的比例不协调等问题都可能影响菜单的效果，经营者在设计菜单图片时应极力避免。

2．文字描述简洁

菜单图片的设计应突出图片的指示作用，不必过多使用文字描述。菜单图片周边都是密密麻麻的文字并不能引起顾客强烈的阅读欲望，反而会分散他们的注意力，让顾客无法准确把握图片所传递的信息。

对于菜单图片所展示的菜品，只需用简洁的文字描述其名称即可。如果是主打菜品，也只需用简短的文字描述其特点。

3．分类恰当

菜单图片应主次分明、分类清楚，这样顾客在浏览时就会非常有目的性。对于电子菜单来说，经营者要特别注意菜单图片的屏数，即屏幕上能显示出的菜单图片数量。有些经营者不注意分类，整个屏幕上布满图片，顾客翻了好几页都没翻完。这种设计的原本意图可能在于让顾客有更多的选择空间，殊不知顾客根本没耐心看完所有的菜品图片。

4.2.3 电子菜单如何设计与选择

随着科技的发展和智能手机的普及，顾客利用各种 App，动动手指就能完成点餐。餐饮店应如何选择合适的电子菜单呢？

在不了解具体的情况下，餐饮店可以多选择几种提供试用功能的电子菜单进行综合对比，再筛选出适合自身的系统。

餐饮店在选择电子菜单时，要注意以下功能的适用性。

1．方便与高效

使用电子菜单是为了减少点餐过程中的人工服务成本，缩短桌均用餐时间，提高翻台率，确保等餐的顾客快速上座，从而提升门店的营业额和利润。

通过自主扫码点单，顾客能随时完成自主加餐、买单等服务，也能减少呼叫服务人员服务的频次。

2．后厨管理

电子菜单能快速将顾客的点单内容准确反馈给后厨，在用餐高峰时期，电子菜单还具有超时预警、统计等功能，能帮助后厨提高出餐效率，提升顾客体验。

没有尽善尽美的系统，只有适合自己的系统，餐饮店在选择电子菜单时，不要追求花里胡哨的功能，而要选择适合自己的功能。

4.3 餐饮店其他元素如何设计

餐饮是"色香味俱全的事业"，任何经营过程中的微小因素都会影响顾客的就餐体验。经营者想获得成功，除了关注招牌、食材等因素外，对细节也不能放过。这些细节包括服务人员的服装、餐具、桌椅家具等。

4.3.1 餐饮店服务人员的服装设计

服务人员是餐饮店的形象大使。用餐前后，服务人员统一协调的服装会让顾客眼前一亮，心情愉悦地享受美食。因此，服务人员的服装也被看作餐饮店的名片。

1．服装设计原则

服务人员的服装既应体现出餐饮品牌的特点，也应展现一定的个性，关键在于凸显整体协调性，而不能过于花哨。

餐饮店服务人员的服装设计是有规律可循的。

（1）"三色原则"。极少有餐饮店将服务人员的服装设计成五颜六色的"调色板"，大多数服务人员的服装都比较简单大方，总体色调不超过3种，诸如黑白蓝、红灰白、白黄紫等。"三色"效果能最大限度地带来统一、和谐的视觉感受，充分体现出服务人员优雅大气或简单俏皮的风格，比较容易为广大顾客所接受。

（2）风格稳重协调。除了主打新潮风格的"网红"餐饮店外，大部分服务人员的服装风格与款式都偏正式，属于简单正装。当然，经营者也可以在服装上装点一些稍显活泼的配饰，比如好看又可爱的领结、胸针等。

2．服装设计侧重点

不同类型的餐饮店在服务人员的服装设计上有不同侧重点，具体如下。

（1）快餐厅。为突出店面简洁明快的特点，服务人员的服装可采用红、黄、蓝等传递热情的色彩组合，且服装上可设计一些彩色条纹。

（2）中餐厅。较能体现中国元素的服装有旗袍等，现代改良版旗袍设计简约美观，能彰显高雅的气质。迎宾的服务人员可穿着长款旗袍，其他服务人员可穿着短款旗袍，以方便工作。当然，如果是主要针对年轻人的中餐厅，也可以考虑让服务人员穿汉服。

（3）咖啡厅。咖啡厅应凸显休闲的氛围，因此服务人员的服装要简单大方，短西服或者西式马甲等都可以，颜色和款式都要以温馨、浪漫的基调为主。

4.3.2 餐饮店餐具设计

餐具看似寻常，但也有一定的设计要求。总体而言，餐饮店餐具设计要遵循两大原则，如图4.3-1所示。

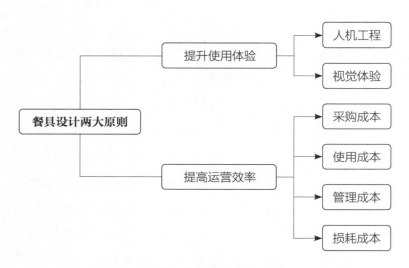

图4.3-1　餐饮店餐具设计的两大原则

1．提升使用体验

餐具是为顾客服务的，其设计必须考虑顾客的使用体验。否则即便是在餐具上雕龙画凤，也背离了餐具设计的初衷。

顾客的使用体验包括人机工程和视觉体验。

（1）人机工程主要指餐具是否安全、好用。安全是指餐具能尽量确保在使用过程中不造成意外伤害。好用是指餐具的材质、重量、形状等能让顾客感到顺手且舒适。

（2）视觉体验是指餐具要有美感，能彰显餐饮店的档次。餐具设计要突出视觉美感，单个餐具既有自身的器物之美，又有与整体协调一致的组合之美。餐具设计既要能提升菜品的丰盛感、为菜品增色增彩，又要能提升档次感。

2．提高运营效率

餐饮店餐具的使用频率高，产生的损耗大，经营者在选择餐具时，要充分考虑采购成本、损耗成本、使用成本和管理成本等。

餐具的设计尤其要注意保持系统性。如果同类餐具形状差异较大，无法叠加，势必会增加清洗难度，占用堆放的空间，需要更多服务人员去处理，这就在无形中增加了运营成本。

4.3.3 餐饮店桌椅家具设计

餐饮店的桌椅家具影响顾客的行走站坐，塑造了顾客的就餐环境。如果顾客感受不佳，就很难再次前来消费。因此，餐饮店的桌椅家具设计应满足以下要求。

1．提升体验感

桌椅家具必须符合人体力学的设计原理，在高矮、大小以及材质等方面，要让顾客舒服、放松。

在舒适的基础上，桌椅家具应兼顾美观。桌椅家具能体现店面的风格和档次，餐饮店必须慎用"混搭"风格，一旦搭配不佳就容易显得不伦不类。例如，街边快餐店里使用红木风格的桌椅、高档中餐厅里的西餐厅酒水吧台等，类似的桌椅家具设计会让顾客无所适从。

2．协调一致以提高运营效率

桌椅家具的摆放、清洗等工作都是要耗费人力的"大工程"，如果加上折旧损耗等，算得上是餐饮店运营成本中的一项"大开支"。因此，在设计桌椅家具时，经营者要充分考虑店面面积大小，以合理选择桌椅家具的尺寸并进行空间配置。

不同桌椅家具的形状、大小不一，经营者需要根据一定的标准进行设计，使桌椅家具与周边环境相协调，并与店面设备相呼应，从而更方便地为顾客提供更高水准的服务。

第 5 章

外卖业务运营：线上餐饮如何才能更有魅力

外卖已经成为很多人的必需品。从外卖平台的选择、平台推广扶持策略的应用到线上餐饮店产品运营、多渠道营销，都需要经营者全面搭建。本章将介绍外卖业务运营的方法与技巧，助力经营者在激烈的竞争中取得优势。

5.1 外卖平台选择策略

随着餐饮市场的高速发展，各类外卖平台不断壮大。经营者的外卖合作渠道也在增多。如何对各大外卖平台进行选择，是经营者运营外卖业务前需要学习的第一课。

5.1.1 选择外卖平台的3个原则

餐饮店合作的外卖平台并非越多越好，合作的外卖平台越多，意味着经营成本越高，包括平台管理成本、平台驻扎费用以及各种推广费用。选择外卖平台时，经营者要综合考虑经营成本、外卖平台对商家的扶持力度等。

餐饮店可以先选择与主流的外卖平台合作，如发展顺利，再扩大合作平台范围。餐饮店在选择外卖平台时应当注意的原则如图5.1-1所示。

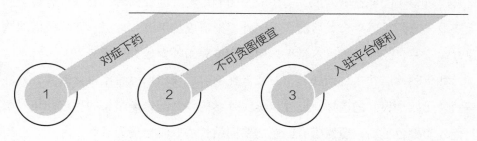

图5.1-1　餐饮店选择外卖平台应当注意的原则

1．对症下药

不同外卖平台有自己的风格和擅长领域，有的擅长对中小型餐饮店进行扶持，有的深耕品牌连锁。经营者应结合自身特色与外卖平台特点，选择最合适的外卖平台进行合作。

2．不可贪图便宜

餐饮店选择外卖平台时，不可以只考虑经营成本，更应关注其运营和推广能力是否真能扩大自己的盈利空间，相应的评判标准包括下单量、店铺排名、平台推广方式有效性等，但餐饮店往往需要在各外卖平台上试运营一段时间后才能做出评判。

3．入驻平台便利

餐饮店应积极了解合作初期，外卖平台是否会给予一定指导。例如，平台软件具体应如何操作、平台具体采用哪些方式帮助餐饮店引流、餐饮店应当如何参加平台活动等。

5.1.2 不同外卖平台的优劣势

餐饮店选择外卖平台前，要重点了解各大外卖平台的优劣势，以判断自身更适合入驻哪家外卖平台。

1．美团外卖

经过多年的经营与发展，美团成为团购市场中的佼佼者，餐饮顾客视美团为获取优惠的重要平台。目前，美团外卖渠道成功下沉，在三、四线城市的增速远高于一、二线城市，流量大、用户多是美团外卖最大的优势。

如果餐饮店在三、四线城市，或者在一、二线城市但希望以量取胜，入驻美团外卖就是很好的选择。此外，美团外卖的驿站配送点站长的稳定性相对于其他外卖平台更高，餐饮店有问题需要同站长协调时会更为顺利。

美团外卖的劣势也很明显。如此强大的外卖平台，最终会弱化餐饮店的品牌，即客户最终会留存在平台上，难以沉淀给餐饮店本身。餐饮店想要将平台流量转换为自身的稳定客源，需要精细运营。此外，美团外卖抽取的佣金较高，餐饮店必须充分利用平台的流量，整体盈利才能较为可观。

2．饿了么

饿了么与美团外卖相似，是市占率较高的外卖平台，依托支付宝等流量入口，饿了么有较大的用户基数，流量优势明显。

目前，饿了么在三、四线城市的下沉力度不如美团外卖。如果餐饮店在三、四线城市，仍旧优选美团外卖。其次，饿了么驿站配送点站长的流动性较大，一年换5~6个站长的情况时有发生。餐饮店在遇到问题需要和站长协商解决时，有可能出现找不到人的情况，不利于解决问题。

3．大众点评

除了为餐饮店赋予流量之外，大众点评累积多年的点评内容是其核心竞争力。

顾客消费注重物有所值，大众点评正是从这一需求入手，更适合已有一定顾客基础的餐饮店。相对而言，对于那些新开的餐饮店，大众点评的推广力度较小。

李女士新开了一家酸奶屋，与大众点评签订合同后，交了1500元的推广费。大众点评承诺，顾客在酸奶屋附近时会对李女士的酸奶屋做就近推荐，后续会以好评跟进推广，推广成功后才会收费。

合同签订几天后并没有顾客进店消费，而推广费账户中的数额却在一直减少。最终李女士发现，大众点评的推广扣费逻辑是只要顾客在餐饮店附近浏览餐饮店的页面，无论是否进店消费，都视为推广成功并且在推广账户中扣费。

大众点评的优势在于覆盖群体大，但缺点在于其付费推广规则不够完善。实际上，无论是美团外卖、饿了么还是大众点评，只有符合餐饮店的需求、匹配餐饮店所在城市的特点以及拥有合适的入驻推广费用等，才能真正帮助经营者成就事业。

5.2 外卖平台的规则及运营技巧

在外卖平台上运营餐饮店时，要想获得大量订单，经营者需要全方位考虑，包括利用外卖平台的规则，做好店铺装修、品牌曝光等事项，打造成熟的产品和服务体系。

5.2.1 美团外卖

美团外卖对新入驻的餐饮店有一定的照顾。对于符合要求的新店，美团外卖会赠送 7 天新店加权流量卡，帮助新店推广。表 5.2–1 所示为美团外卖新店加权流量卡要求。

表5.2–1　美团外卖新店加权流量卡要求

新店加权流量卡要求	
支付	支持在线支付
累计营业时长	大于等于 24 小时
商品分类	大于等于两类商品
商品数量	大于等于 10
商品图片覆盖率	大于等于 90%

美团外卖会对符合要求的新店提供曝光推广服务，餐饮店需要在管理后台手动启用该项权益。不过，经营者需要明白，推广不等于能获得大量订单。推广目的在于获取平台用户，但用户增长并不直接等于订单的增加。想要产生订单，餐饮店应想办法提高转化率，例如综合考虑产品成本、市场规划、店铺活动以及产品定价等。

美团外卖的推广共分为 3 类，即曝光付费、转化付费、形式付费。表 5.2–2 所示为美团外卖的推广服务。

表5.2-2　美团外卖的推广类别及服务内容

推广类别	推广服务内容
曝光付费	铂金展位、揽客宝、超级流量卡
转化付费	订单通、点金推广
形式付费	金字招牌、店长包

在三大推广类别下，有不同形式的推广服务可供餐饮店选择。其中，曝光付费的核心逻辑在于只要产品有曝光，平台就会收取费用。转化付费更为直接，用户在平台的推广下进入店铺并且下单后，平台就会收取费用。形式付费则为餐饮店在平台上展示时打造标签，例如"优选""回头客多"等。形式付费并不直接增加餐饮店在平台上的曝光量，更多的是在用户选择餐饮店时起到一定的辅助作用。

在选择推广类别时，经营者应判断需要获取何种价值，需要去除何种不必要的推广服务。

王某在美团外卖上经营一家餐饮店，3月6日的订单共有120单，总推广费用为392.8元。在所有推广服务中，支出最多的是铂金展位，花费242元；揽客宝次之，花费72元；点金推广花费78.8元。王某想根据未来7天的数据对推广方案进行优化。他通过后台数据发现，揽客宝在3月6日至3月12日共计花费482元，但仅产出30个订单，单次获客成本为16元。于是王某在12日当天暂停使用揽客宝推广服务，并继续跟踪店铺订单数据，后续发现订单量并未减少，但推广费用少了很多。最终，王某关闭了揽客宝功能。

经营者应谨慎地对推广功能进行测试，以数据为基础着手求证，在验证了推广策略有效后，大胆提升最优选推广服务的投放力度，并对结果进行检测。

5.2.2 饿了么

饿了么会直接给新店开启所有特权。表5.2-3所示为饿了么新店流量卡要求。

表5.2-3　饿了么新店流量卡要求

饿了么新店流量卡要求		可获得流量卡天数
店铺基建	店内菜品数量≥10	2
	成功设置店铺头像	
	菜品图片覆盖率≥80%	
	成功设置配送范围	
店铺优化	完成设置满减活动	2
	菜品最低起送价≤50元	
	单价低于100元的菜品占比达到90%	
参加活动	报名参加一个平台活动	2
	成功创建超级会员专享红包	
运营优化	成功创建店铺海报	1
	共获得10个用户好评	

与美团外卖一次性给新店提供7天的加权流量卡不同，饿了么新店流量卡是分阶段开启的，当新店满足一部分要求，饿了么就会给予其一定天数的流量卡。

新店使用流量卡后，饿了么会将新店放置在专享的固定位置上轮番展示。新店应尽可能延长营业时间，尽量避免线上"关店"。如果营业时间过短，很可能由于同一时间附近使用流量卡的餐饮店较多，新店得到的平均曝光量就相对较低。此外，流量卡的使用应避开竞争高峰时段，新店就可以尽可能地获得力度较大的推荐。

新店开张时，经营者应尽可能完善门店页面的装修、开展线上的优惠活动。如果附近餐饮店较多、竞争较大，开展单纯的优惠活动就不足以让新店脱颖而出。此时，新店可以选择其最热销的菜品进行重点宣传，引来顾客后，再辅以其他菜品提升销量。

张某在饿了么开了一家专做盖饭的餐饮店。餐饮店上新后，张某发现卤肉饭是销量最高的产品。为了提升餐饮店整体菜品的销量，张某将卤肉饭作为主打菜品，并加大优惠力度。

为了增强对顾客的心理冲击力，王某将罐装可乐的价格设置为0.1元。只要顾客在店内下单就能购买0.1元的特价可乐。为了保证不亏本，王某将餐盒费设置为1.5元。在以上优惠活动的共同作用下，王某的餐饮店吸引了大量新客下单。

除了流量获取，餐饮店在饿了么平台上的日常经营也是维护顾客存量的重要过程。例如，老顾客下单后是可以通过外卖平台看到餐饮店是否接单的，如果餐饮店长时间不接单，会让老顾客有"餐饮店整体运营一般"或"餐饮店不重视外卖"的感受。老顾客一旦有了这样的感受，再次在该餐饮店消费的可能性将大大降低。

餐饮店在饿了么上经营时，要认真倾听并了解顾客的评论。无论评论是好是坏，都要理性回复，虚心学习，切不可针对差评回复偏激言论，这会导致其他顾客对餐饮店产生不良印象，降低消费意愿。

5.2.3 心动外卖

抖音旗下也有一个外卖平台——心动外卖。

心动外卖与其他外卖平台不同，其有短视频与直播推广的优势。从传统媒介到今天的新媒体，短视频营销已深入人心，可想而知，餐饮业借助短视频进行外卖营销将是其重要选项之一。

1．抖音推荐机制

抖音的核心竞争力在于其推荐机制。图5.2-1所示为抖音推荐机制。

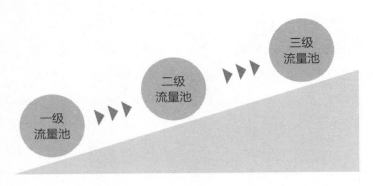

图5.2-1　抖音推荐机制

抖音将用户放在 3 个等级的流量池中。短视频在抖音上成功发布后，抖音都会对其进行推送。该短视频的点赞量、评论量等达到一定的值时，处于一级流量池的短视频就会被放到二级流量池中，短视频也就得到更大级别的曝光。如果二级流量池中用户的反馈很好，则短视频将进入三级流量池。这种短视频的"赛马"推荐机制，能确保无论大企业还是小商家，其竞争核心要素集中在内容的创作上，而非品牌的差别上。该机制也有效缩小了中小企业和知名企业之间的差距，使得中小企业在抖音上的外卖营销上能通过"内容为王"的逻辑取得胜利。

2．用户活跃度高、消费力强

抖音用户以年轻群体为主，其对新鲜事物的接受力强。餐饮店在抖音上进行外卖营销，会有更好的营销效果。

在外卖营销视频内容的创作上，餐饮店需要向年轻群体喜欢的方式和价值观靠拢，在视频中尽量避免说教，同时杜绝电视营销式的"喊价促销"，可以多用探店 Vlog、美食纪录片、搞笑情景剧等向年轻群体进行外卖品牌宣传。

3．生动多样的展示方式

餐饮店可以拍摄外卖食品的制作过程，让顾客感到安心。例如，在干净整洁的厨房中呈现炖煮蔬菜汤的场景，配合"咕嘟"的冒泡声，就可营造出温馨、自然、安全的餐饮氛围。

餐饮店也可以与"网红"进行合作，拍摄外卖送餐、吃播等视频，激发顾客点外卖的欲望。

5.3 外卖菜品如何进行差异化设计

餐饮容易千篇一律，除了菜品本身需要不断更新，餐饮店的营销方式也需推陈出新，不断根据市场行情进行差异化设计。比如，外卖就是一种很好的营销方式。

5.3.1 差异化定价策略

外卖平台如何定价将在很大程度上影响餐饮店的外卖生意。外卖菜品定价有两种方式，即活动营销定价和单品定价。

1．活动营销定价

餐饮店可以通过活动营销定价进行顾客引流。

（1）超低价引流。餐饮店可通过超低价格充分吸引顾客的注意力。例如，烧烤外卖餐饮店可以限量销售某种热门口味的羊肉串，将其定价为 0.01 元一串，对比其他原价为 3~5 元一串的羊肉串，就可以起到很好的引流作用。

经营者在选品时需注意，超低价产品必须是顾客喜欢的单品，才能达到引流的效果。

（2）9.9 元特价销售。餐饮店可以选择在某一时间段将某些产品定价为 9.9 元进行特价销售，让顾客有"占便宜"的感觉，从而让顾客更愿意尝试店里的产品。只要产品品质过关、味道好，餐饮店往往能赢得许多回头客。

（3）满减套餐。满减套餐能让顾客在获得实惠的同时，提高销量，增加利润。

2．单品定价

单品定价是指主要围绕单一产品进行定价。

（1）价格双峰。价格双峰主要是餐饮店在对产品进行定价时，可以增加某一价格区间的菜品数量，以营造出产品价格实惠的感觉。

外婆家与西贝的人均客单价相差并不大，然而顾客通常认为外婆家的产品更实惠。经过数据统计，研究者发现外婆家外卖店铺中价格低于 20 元的产品有 97 个，而西贝仅有 13 个。价格为 20~40 元的产品外婆家有 50 个，西贝在这个价格区间的产品有 20 个。由于外婆家的中低价位的产品数量较多，顾客对外婆家的产品不会有过多价格方面的顾虑。实际上，在最后付款时，外婆家的订单价格并不会比西贝的订单价格低多少。

相比价格低，"占到便宜"更容易刺激顾客的消费欲望。餐饮店可以利用价格设置让顾客产生"占便宜"的感觉，也就可以通过对产品定价的调整完成营销。

（2）麦当劳的定价策略。对于同一产品，每人的购买意愿以及购买能力不同，单一定价很有可能无法帮助经营者实现最大盈利。此时，经营者可以根据每个人的价格承受能力进行定价。

当然，顾客不一定会诚实地说出他对某产品的心理价格。为此，麦当劳的定价策略非常值得经营者学习。

麦当劳提供 3 种汉堡：鳕鱼、照烧鸡腿和巨无霸汉堡。3 种汉堡的单价相同，都是 25 元。同时，麦当劳提供 3 种套餐，如表 5.3-1 所示。

表5.3-1　麦当劳的3种套餐

套餐类型	套餐具体内容
A 套餐	售价为 25 元，可任意挑选一种汉堡
B 套餐	售价为 20 元，包含一个照烧鸡腿汉堡和一杯可乐
C 套餐	售价为 15 元，巨无霸汉堡优惠套餐

选择 A 套餐的人，通过支付更高的价格，避免了选择优惠套餐可能导致的排队问题。选择 B 套餐和 C 套餐的人，则根据自己的购买力，放弃选择单品的自由，从而获得价格上的优惠。

同样的定价方式在航空领域更为常见，航空公司针对不同旅客制定不同的产品价格，例如经济舱与头等舱的票价不同。餐饮店可以将活动营销定价与单品定价相结合，通过对产品定价的调整实现利润最大化。

5.3.2 产品图片设计

产品图片是吸引顾客的重要工具。外卖产品图片主要有 6 种设计思路。

1．营造氛围感

氛围感这一概念日渐火爆，餐饮店可以利用氛围感来烘托产品的美味。通常，食物总能连接某类情感，经过设计后这类情感可以与食物图片相联系。例如，家宴菜品图片能将美食与亲情相连接；主菜与小菜配合的图片能呈现出琳琅满目、搭配丰富的效果。

需要注意的是，在使用场景与食物相配合的设计方式时，食物应该占据画面当中的绝大部分，否则顾客的注意力就难以集中在食物上。

2．呈现食物的高清特写

高清画质的产品图片能让美食的每个细节都令人垂涎欲滴，甚至产生香味扑鼻的质感，这是外卖产品打动顾客的重要一步。

经营者在对食物进行拍摄时，可以重点表现食物的某些特质，例如三文鱼的纹理、大米的晶莹剔透、水果的鲜嫩多汁等。

3．为产品图片增添动感

拍摄产品图片时，经营者可以采用运动的拍摄手法。例如，拍摄饮品时要表现出涌动的气泡、溅开的水滴等；对于处于烹饪状态的产品也可以进行动态拍摄，如拍摄正在炸开的爆米花等。具有流动跳跃感的产品图片能体现出产品的鲜香，也能营造出产品新鲜出炉的感觉。

4．通过色彩进行暗示

以不同的色彩彰显食物，会带给顾客不同的感受，例如红色与黄色相结合能体现出辣的感觉，绿色能体现出食物的新鲜。

5．多食物元素结合

如果汉堡店的产品图片上只有汉堡这一种食物元素，就会显得呆板无趣。餐饮店可以尝试放大汉堡，并在其后方加入冰激凌、可乐等其他食物元素丰富图片内容，通过图片暗示一种轻松愉快的氛围，从而达到吸引顾客的目的。

5.3.3 满减活动设置策略

随着平台红利的消退，外卖早已不是开店就能赚钱的行业。餐饮外卖店需要经营者通过数据分析，实现更为精细化的运营，多设置一些活动，就是精细化的一种表现。其中，满减活动是一种重要形式。通常而言，主流满减活动通常分为 3 种类型，小额满减、大额满减和极限满减。表5.3-2 所示为不同的满减活动类型及其具体内容。

表5.3-2　不同的满减活动类型及其具体内容

满减活动类型	通常折扣	满减举例
小额满减	7~9 折	满 20 减 2 元
大额满减	4~6 折	满 20 减 10 元
极限满减	1~3 折	满 20 减 19 元

餐饮店应当根据自身定位选择相应的满减活动。具体而言，餐饮店可从以下维度出发，进行满减活动的选择。

1．菜品体系

若菜品价格区别不大，且菜品种类不多，餐饮店可以采用极限满减进行引流。例如便当店的菜品仅十几种，且价格相差不大，就可以使用极限满减。

若餐饮店的菜品种类较多，价格差距也大，设置极限满减容易造成亏损，建议采用大额满减与小额满减。

2．餐饮店所在商圈整体竞争情况

若餐饮店所在商圈整体竞争不大，且附近餐饮店运营水平一般，餐饮店则可以采用小额满减。若整体竞争较大，餐饮店则需要选择更有竞争力的满减活动，例如大额满减或极限满减。

3．满减真实度

餐饮店策划活动时，应将顾客的体验放在首位。比起打折减去的纸面价格，顾客更为关注自身实际支付的价格。如果餐饮店打着大额满减与极限满减的旗号，但顾客最终未能真正获得优惠，就会有强烈的被欺骗感，难以再次进店消费。因此，餐饮店在开展满减活动时，宁愿采用小额满减，也绝不能做"假活动"。

4．满减活动门槛

开展满减活动的首要原则，是使顾客能"够得着"。满减活动中的"满"是活动的精髓，需要顾客稍微"努力"才能达成条件。

与商场仅在节假日促销不同，餐饮店外卖的满减活动是常规活动。因此在开展满减活动时，餐饮店需要在客单价与转化率之间找到平衡点。转化率较低的餐饮店，可以选择适当降低满减门槛来提升转化率；而客单价较低的餐饮店，可以适当提高满减门槛来扩大获利空间。餐饮店需要充分研究自身情况，结合相关数据开展能使自身利益最大化的满减活动。

5.3.4 菜品描述技巧

在外卖产品的差异化设计中，餐饮店需要思考许多细节，其中，菜品描述比较重要。

然而，菜品描述是帮助顾客决定是否购买的重要信息，可以直接向顾客传递菜品配料、烹饪方法、菜品口味以及菜品特点等信息。如果餐饮店没有菜品描述，或者菜品描述过于简单，就会给顾客留下经营不用心，菜品品质一般的感受。

菜品描述方式如下，餐饮店可以根据自身需求来选择。

1．列举食材

将菜品的食材信息简单列出是一种基础、常见的菜品描述方式。餐饮店将食材按照重要性列出即可，但这通常无法引起顾客的食欲，如果菜品本身用料简洁，这样的菜品描述可能有敷衍之感。

2．描述分量

菜品食材列举加上分量描述，是进行顾客预期管理的好方法。图片直观诱人，分量清晰明了，显然能有效吸引顾客的兴趣，增加订单量。

需要注意的是，图片往往无法显示出菜品的实际克重，而分量数据也可能和实际存在误差，顾客有时会因为菜品克重不符合预期，认为餐饮店虚假宣传而给出差评。为避免误会，餐饮店可以在菜品描述栏中清楚给出菜品克重，防止误会发生。

3．使用味觉词汇

餐饮店在菜品描述中使用能引发视觉与味觉联想的词语，可以快速引起顾客食欲。

王某经营着一家甜品店。由于店中甜品造型精致，王某在描述甜品时着重突出甜品的这一特点。如他对桂花赤豆小圆子的描述为"一眼看到软萌可爱，一口尝到清香软糯，一瞬爱上甜蜜用心"。

餐饮店描述菜品味道时，可使用"鲜香""酸甜""甘醇""爆辣"等词语；描述味道时可加上不同的程度形容词，如"浓郁""适中""超级"等；描述味道时，可以使用"酥脆""爽口""劲道""爽滑"等形容词。对这些词语根据实际情况进行组合使用，再着重体现菜品卖点（如味道非常辣或者食材非常新鲜等），生动诱人的菜品描述就写好了。

4．描述菜品制作过程

好的菜品，除了用料讲究，其细致的制作过程也是吸引顾客购买的理由。

正如美食纪录片会对美食制作过程进行展示，聪明的经营者也应加以效仿。常用的描述菜品制作过程的语句有"熬制××小时""共××道工序"等。这类描述性语句既能让顾客对菜品品质放心，也能引起顾客对菜品味道的好奇。

5．传达能消除误解的信息

因误解导致顾客差评的现象时有发生，餐饮店可利用菜品描述传达能避免顾客对产品产生误解的信息。例如"单点不送""默认口味为微辣""顾客不选菜品则由商家随机搭配"等。

5.3.5 配送范围设置

餐饮店入驻外卖平台时，需要对配送范围进行设置。配送范围大小影响送餐的时间以及订单量。餐饮店应根据餐饮类别、菜品新鲜度，以及偶然情况等来设置配送范围。

1．餐饮类别

餐饮店可以根据餐饮类别进行配送范围的设置。

例如，大多数白领在中午会选择快餐充饥，快餐店在午间通常有较大订单量。因此，快餐店可以将最远配送距离设置为2~3千米，这样既能保证有足够的订单量，又不至于使订单量超出自身接单能力。

小吃、甜品等菜品并非正餐食物，订单不会过于密集。因此，餐饮店需要在非配送高峰期将最远配送距离调大至4~5千米。这样既可保证订单量，又不至于使运力闲置。

生鲜、水果等菜品在正餐前1~2小时的需求量较大，其余时间属于订单低谷期。餐饮店可以将餐前1~2小时以外时间段的最远配送距离设置为4~5千米，以确保有足够的订单量。

2．菜品新鲜程度

除了订单量之外，餐饮店在设置配送范围时还应考虑菜品新鲜程度。例如，为确保菜品新鲜程度，面食、日料等食物的配送时间不宜过长，最远配送距离最好不超过 3 千米。餐饮店要多次设置配送范围进行测试，才能确定能保证菜品新鲜程度的最佳配送范围。

3．偶然情况

餐饮店应根据当时的路况以及天气信息，对配送范围进行适当调整。例如，交通堵塞、临时性交通管制、马路修缮导致路况不佳、天气变化等都有可能导致配送难度增大，餐饮店应适当缩小配送范围。

5.4 外卖出餐设计及配送运营

外卖如同桥梁，将线上、线下紧密联系起来。除了营销与餐品制作外，外卖的出餐设计配送运营也是餐饮店外卖业务运营的重要一环。

5.4.1 外卖产品摆放

为了提升外卖出餐速度，餐饮店需要专门设置出餐通道，经营者应确保出餐团队熟练掌握外卖产品摆放原则，并形成制度予以执行。图 5.4-1 所示为外卖产品摆放原则。

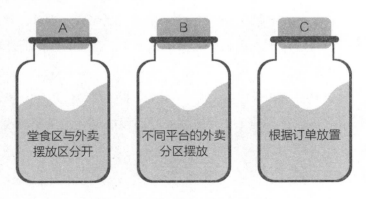

图5.4-1　外卖产品摆放原则

1．堂食区与外卖摆放区分开

未区分堂食区和外卖摆放区的餐饮店，用餐高峰期的出餐速度显然会非常慢。这不仅会破坏外卖顾客的体验，也会对堂食顾客造成影响。

因此，餐饮店应根据自身情况合理设置外卖专用出餐口，实现有效分流。

2．不同平台的外卖分区摆放

餐饮店在规划外卖出餐口时，可以根据外卖平台的不同进一步划分外卖出餐口，以方便外卖员迅速找到菜品。

3．根据订单放置

外卖订单较多时，很多餐饮店只是将打包好的菜品放在外卖出餐口，让外卖员自己核对，这不仅会影响效率，还会导致场面混乱。餐饮店应该将打包好的餐品根据订单顺序进行放置，且小票一致朝外。这样就能帮助外卖员快速找到正确的菜品，减少拿错订单造成的损失。

如果餐饮店的外卖业务规模较大，可以安排专人负责外卖菜品的出餐及与外卖顾客的沟通，确保外卖顾客的用餐体验。

5.4.2 外卖出餐动线

动线原本指建筑设计中，人在室内外移动的点所连成的线。在传统的餐饮堂食中，有顾客动线与服务动线。外卖出餐动线则主要指后厨动线，包含烹饪和打包等环节。

设计外卖出餐动线的目的在于提升出餐效率。合理的外卖出餐动线是高出餐效率的保证。

外卖出餐动线的设计通常遵循三大原则。

1．动线不交叉

动线交叉意味着操作员在生产过程中需要来回走动，彼此触碰。这样的触碰通常会有两种结果，即避让和碰撞。避让会降低出餐效率，而碰撞不仅会影响出餐效率，更会影响后厨人员安全和菜品质量。

餐饮店在设计外卖出餐动线时，需要考虑让不同岗位的工作人员的动线尽可能独立。

2．后厨物料放置于最佳操作位置

以打包岗位为例，打包员在对制作完成的菜品进行最后分装时，主菜、配料、餐盒等都应放置在打包员触手可及的位置，否则即便拿取物料时只是多走几步，也会降低高峰时期的整体出餐效率。

3．操作员独立工作

餐饮店可以学习制造行业的流水线生产方式，由不同的人负责菜品打包的不同环节。这种方式能让工作人员专注于单一操作，从而能大大提升出餐效率。

合理的外卖出餐动线是餐饮店高效运转的核心，直接关系着外卖顾客的用餐体验。打造高效的外卖出餐动线，需要经营者全盘考量，不可掉以轻心。

5.4.3 外卖配送团队沟通

外卖员可谓餐饮店的"宝藏"，他们掌握着大量区域的消费信息，从哪个写字楼的订单最多，到附近商圈的哪些餐品最受欢迎等，都是外卖员熟知的内容。

外卖员是餐饮店与顾客的沟通桥梁。在外卖业务中，餐饮店与顾客只能线上沟通。一旦送餐过程中出现问题，外卖员是首先与顾客进行交流的人，其表现影响着顾客给差评的概率。为此，餐饮店应主动和外卖员形成互相支持的工作关系，例如在出餐处设置供外卖员休息的椅子，或者在外卖员等待取餐的过程中为其提供茶水等。

经营者可以为所在区域的外卖员建群，如果订单有问题，双方就能直接在群里进行沟通。例如，节假日前有较多外卖员回乡，会造成区域内运力不足的情况，餐饮店和外卖员保持好关系，就能提前知道其回乡日程，及时调整配送范围，避免出现顾客下单却无外卖员接单的情况。总之，餐饮店应与外卖员共同提高顾客满意度，实现共赢。

5.4.4 外卖评价管理

餐饮店可以对外卖评价进行管理，以提升餐饮店口碑，图5.4-2所示为外卖评价管理方法。

图5.4-2　外卖评价管理方法

1．吸引好评

餐饮店可以在订单中放置好评感谢卡片，提醒顾客对餐饮店进行评价。条件允许的情况下，餐饮店可以放置赠品，促使顾客给出好评。此外，餐饮店也可以将联系方式印在好评感谢卡片上，提示顾客如发现问题可以直接联系餐饮店，避免顾客选择不沟通而直接给差评。

2．减少中差评

中差评对餐饮店的营收有较大影响，会持续影响餐饮店的声誉，餐饮店对中差评进行管理时需谨慎。

餐饮店在收到差评时，无论该评价是否属于公允评价，都需要采取良好的态度与顾客沟通。此时，餐饮店万不可因为一时气愤对顾客进行"反击"。在回应顾客的问题时，餐饮店需要做出具体解释。如果采用统一模板回复，尽管快捷方便，但在顾客眼中就是敷衍与缺乏诚意。

此外，餐饮店应针对顾客的问题提供具体解决方案，只有道歉显然是不够的。

3．回访管理

餐饮店可以对经常光顾的顾客进行回访，将平台顾客转为私域流量。

餐饮店可以主动联系优质顾客，通过发放优惠券、红包等方式对优质顾客的支持表示感谢，鼓励优质顾客多多进行评价。

对已经给出好评的顾客，餐饮店可以在沟通时引用对方的评价，使顾客能感觉到自己的意见有被重视。此外，餐饮店在回复顾客的好评时，也可以借机对餐饮店内其他产品进行推荐。

顾客评价是餐饮店整体服务质量的体现。餐饮店需要不断优化服务质量，积极回复评价，解决问题，真正做到科学高效的运营管理。

5.4.5 外卖报损机制管理

外卖送餐过程中出现的问题，往往会直接导致餐饮店蒙受损失。较为常见的情况是外卖员取错餐。为有效减少损失，针对不同情况，餐饮店可采取以下方法进行应对。

1．取错餐但还未送达

餐饮店发现外卖员取错餐时，应第一时间查看具体情况。一般而言，出错订单可能是出餐时间相差不久的订单，也可能是同订单号不同平台的订单。

在查明出错情况之后，如果餐品还未被送达，餐饮店则可以直接致电外卖员，要求其将取错的餐品送回。

2．取错餐且已经送达

若顾客已拿到了送错的餐品，且不愿意换餐，则餐饮店可以让顾客直接找到平台客服进行退款。由于此次是外卖员的责任，餐饮店需要与顾客沟通清楚，退款流程需要顾客操作两次：顾客首次提出退款时，餐饮店需要拒绝退款，否则损失由餐饮店自己承担。餐饮店拒绝退款后，顾客可申请平台客服介入，由平台进行赔偿。

餐品被错拿后，且顾客同意换餐，餐饮店需要尽快将其补足，以免顾客等待时间过久。错拿订单所造成的损失会由平台根据订单成本的60%~70%向餐饮店赔付。

5.5 外卖推广技巧

通常情况下，外卖推广应做到线上与线下相结合，平台与私域相结合。餐饮店可通过多种方式同步进行外卖推广。

餐饮店需要利用多重抓手，精细化运营，才能将自身品牌的价值充分宣扬出去。

5.5.1 外卖平台推广策略与技巧

近年来，互联网营销竞争越发激烈，外卖平台间的竞争同样如此。餐饮店入驻外卖平台后，需注意有效运用外卖平台推广策略与技巧。

图5.5-1所示为外卖平台推广策略与技巧。

图5.5-1　外卖平台推广策略与技巧

1. 店铺定位

餐饮店在入驻外卖平台后，应针对自身风格、菜品特色、所处地理位置、自身吸引消费人群等进行分析，进而对店铺进行准确的定位。

一家主打健康理念的轻食店需要抓住菜品或者原料的健康、新鲜等特质进行宣传，其主要针对的客户群体则是年轻的白领群体。

2. 店铺搜索

店铺的大部分流量源自顾客的搜索。使用关键词、添加产品标签等行为对提升店铺的搜索排名至关重要。餐饮店为店铺取名时，最好包含主营产品或者爆款产品的名称，以确保顾客能精准搜索到店铺。

3. 突出营销主题

餐饮行业的营销内容通常有两大主题，即精致的菜肴和贴心的服务。

一些餐饮店经常开展集赞打折的活动，即顾客将菜品拍照发至微信朋友圈，收集足够的点赞数即可享受折扣。要采取这类网络营销方式，餐饮店的菜品就要尽可能做得漂亮精致，才能让顾客拍出来的照片对其他人有吸引力。

在互联网平台上，餐饮店的主要服务就是较好地处理顾客投诉与顾客评价，同时及时向顾客提供产品信息和优惠信息。

线上营销的最大特色在于营销方式与载体的多样性，而不受限于营销产品本身。餐饮店可以将营销产品与某一感受或概念联系在一起，例如在营销燕窝等养生产品时，餐饮店可以将之与"现代女性的自我意识"联系在一起，重点宣传购买该产品不仅能获得产品本身的价值，更能体现顾客对自己的关爱。

此外，餐饮店可以跳出外卖平台到其他社交媒体平台上营销，例如抖音、哔哩哔哩、小红书等，通过图文、视频等方式为某类单品与特定感受建立连接，例如，餐饮店可以为烧烤与友情建立连接、为咖啡与白领的工作建立连接，以此引起这些社交媒体上的顾客的情感共鸣。

5.5.2 线下推广策略与技巧

服务是推广的重要发力点。尽管外卖业务的主要服务是线上服务，但线下服务也能起到推广的作用。

外卖业务的线下推广策略与技巧主要如下。

1．门店装修

门店装修可以起到营销作用。餐饮店可以在门口和店内安装相应的显示屏，用动态视频来传递自身的外卖品牌与文化，并对自身的外卖服务进行介绍。除此之外，显示屏也可以用于展示当季外卖新品、当季外卖爆款以及推荐外卖套餐等，吸引顾客进行外卖消费。

除了显示屏，餐饮店还可以将厨房设计为开放式的，展示所用食材的新鲜程度以及菜品的安全卫生。

2．节假日推广

节假日往往是顾客更愿意出门消费的时刻。餐饮店可以抓住这一时间点进行活动营销，提升餐饮店外卖服务的知名度，增强顾客黏性。例如，女性爱美，餐饮店就可以在妇女节当天推出春季养颜套餐，并在陈列台进行展示，或者赠送外卖优惠券给前几位到店消费的女性顾客等。

3．地推

地推是较为传统而有效的推广方式。餐饮店在进行外卖推广时，需要注意宣传单的设计。活动针对的目标群体不同，宣传单所需强调的内容也就不同。例如，若是居民区附近的小吃餐饮店，则需要强调价格因素；若是高档商场的餐饮店，价格就不再是宣传的重点，而应该将美食理念作为营销重点。

除了针对零售顾客的线下宣传，餐饮店也可以主动和相关机构、企业等进行合作。例如，奶茶店可以主动和附近的企业合作，为员工提供奶茶福利；餐饮店可以和旅行社合作，为旅客提供外卖餐饮等。

5.5.3 线上私域运营策略与技巧

餐饮店建立私域流量的方式除了较为传统的百度渠道或地推付费广告外，也可以使用社群等。

花小小新疆米粉店会在外卖顾客的餐包中附上名片，顾客添加名片上的企业微信，就可以获得优惠券。也有餐饮店会在顾客结账时邀请顾客成为会员，对于会员，餐饮店会有专门的服务人员通过企业微信进行线上服务。

顾客被拉进私域流量池后，餐饮店应持续进行优质的内容输出。当然，只有内容本身有吸引力并对顾客有价值，顾客才会关注该内容。

1. 企业微信

餐饮店在转化私域流量时，最好的工具之一是企业微信。

借助企业微信，餐饮店可以通过发朋友圈图文广告、发布直播预告、搭建社群等方式直接触及顾客，完成产品营销。同时，企业微信被封号的风险更低。企业微信的官方化运营既不需要打造人设，也不用同时运营很多个账号，降低了私域运营成本。

2. 顾客留存

顾客进群或加了企业微信后，会有陌生感。此时，运营人员如果能主动讲述本群或者本账号的价值所在，顾客就更容易留存下来。

麦当劳顾客在刚刚进群时，会有小助手说明专属福利，对福利的种类、发放时间等进行详细说明，引导顾客时刻注意群消息。同时，制作海报将福利清晰展现出来，顾客就会更清晰其留在群中的意义是什么。

瑞幸咖啡使用海报对活动进行排期，避免频繁发群消息导致顾客反感。并且图片易于保存，顾客可以自行保存并随时查看。

3. 烘托群内氛围

烘托群内氛围，让顾客有进入大家庭的感觉，将有利于增强顾客的归属感。餐饮店在建群后，并不一定需要将群内的讨论内容限制在餐饮方面，而是可以引导群成员就其他话题进行讨论，如讨论天气、工作中遇到的趣事、娱乐新闻等，这样就能提高顾客看群消息的频率，也能减弱他们对群中发布的营销信息的抵触。

第 6 章

餐饮营销技巧：如何才能玩转线上营销

　　在"互联网 +"时代背景下，高效便捷的线上营销早已渗透人们生活的方方面面。本章将以此为背景，紧扣营销主题，深入介绍适用于餐饮店的线上营销技巧。

6.1 活动营销，打造餐饮店活跃气氛

热闹的场景、活跃的气氛、攒动的人头，意味着餐饮店生意兴隆。开展丰富多样的营销活动将有效助力餐饮店聚集人气，实现营业额的增长。

6.1.1 节日营销活动，引导顾客进行消费

开展节日营销活动本身不是目的，重点在于通过节日营销活动来营造气氛、引导消费。餐饮店该如何打造节日营销活动，才能更好地吸引顾客参与？以下建议可供参考。

1．做好节日营销活动的前期准备

活动正式开始前，餐饮店需要做好准备工作，增添节日气氛。

（1）物料。在春节期间，餐饮店可以准备代表着生活红红火火的彩带、福字、大红灯笼和精美的窗花等，让顾客第一时间感受到这些物料背后的美好寓意，快速融入春节温馨、喜庆的气氛中。

（2）灯光。柔和的暖色系灯光能让人感受到祥和与平静，在暖色系灯光的烘托下，食物也会显得更加可口。

（3）礼品。餐饮店可以选择在不同的节日为进店顾客送上带有节日印记的礼品。例如，七夕节时，可以给情侣送玫瑰花、巧克力；儿童节时，可以给小朋友送玩具或零食等。

2．推出节日限定套餐

餐饮店可以在节日前研发节日限定套餐，然后为节日限定套餐取一个富有节日气氛的名称，再将套餐图片做成易拉宝，放置在门口最显眼的位置。

餐饮店也可以借助网络的力量，通过微信公众号、短视频平台、外卖平台等宣传节日限定套餐，为节日营销活动热场。

3．组织创意性的节日活动

最好的氛围缔造者是顾客。节日营销活动举办得是否成功，顾客是否有参与感、是否感到快乐才是关键。独乐乐不如众乐乐，餐饮店可以通过组织亲子运动、有奖问答、砸金蛋赢免单等创意活动吸引更多的顾客参与其中，节日消费的气氛自然就被带动了起来。

6.1.2 优惠活动，帮助餐饮店增加人气

开展优惠活动是餐饮店常见的营销手段。活动期间，顾客能获得比平时更大的折扣，或得到餐饮店送出的赠品。然而，即便餐饮店的优惠力度很大，吸引到的客流可能并不多，个中原因大多是餐饮店未能合理设计优惠活动的结构，无法形成连贯的、吸引人的促销力量。

简单而言，餐饮店的优惠活动一般分为 3 个阶段，如图 6.1–1 所示。

图6.1–1 优惠活动的3个阶段

1．吸引顾客

餐饮店吸引顾客的方式包括打折、发放优惠券，或是在社交平台上发起吃霸王餐、满减等活动。

2．转化顾客

顾客的注意力被吸引后，餐饮店可进一步开展储值活动，例如充值或是消费一定金额就赠送相应代金券等，以吸引顾客再次光顾。

3．留住顾客

餐饮店可以开发微信小程序，在顾客点菜、买单时邀请顾客注册成为店铺

会员，餐饮店在推出新菜品或开展新的优惠活动时，只要在后台推送相关消息就能吸引顾客关注，最终留住顾客。

优惠活动的开展方式有很多，一些餐饮店深谙其中精髓，采用延迟满足的方法营造惊喜。例如，餐饮店不让顾客过早知晓优惠活动，而是在他们买单时没有任何心理预期的情况下，突然送上优惠。

6.1.3 亲子活动，打造餐饮店温馨氛围

开展亲子活动能为餐饮店打造温馨氛围，这使得顾客与孩子在品尝美食之余，还能参与互动，增进彼此情感。

餐饮店可以通过哪些方式开展亲子活动呢？

1．营造亲子打卡地

餐饮店可选择开放区域，通过摆放气球、滑梯以及卡通玩偶等，吸引孩子的注意。孩子可以在这里尽情释放童真，家长也能在这里拍照打卡，找回童年的欢乐。

2．组建读书角

餐饮店可以选择一个安静的角落作为读书角，由工作人员为孩子读绘本、讲故事，也鼓励家长或孩子自己读。家长由此拥有了相对轻松的用餐环境，这也能在一定程度上激发孩子的阅读兴趣。

3．打造迷你室内乐园

餐饮店可在装修阶段就留出部分区域作为迷你室内乐园，放置蹦床、旋转木马或是小型捞鱼池。该迷你室内乐园可做成环形，中间是游乐区，四周环绕就餐区，以便家长能随时照看孩子。

4．组织趣味性活动

餐饮店可以选择在节假日开展美食 DIY 活动，邀请孩子与家长一同参与美食的制作。餐饮店也可以组织慈善义卖活动，将孩子的手工作品或闲置物品集中起来义卖，这样既能帮助餐饮店聚集人气，也有利于培养孩子的爱心，增

强孩子的社会责任感，让家长感受到活动的意义。

6.1.4 情侣活动，带动顾客传播口碑

借助情人节、七夕节等，组织浪漫的情侣活动，是餐饮店吸引年轻消费群体、提高门店人气的绝佳方式。

情侣活动对餐饮店的环境布置以及氛围营造能力要求较高。筹备活动时，餐饮店需要对活动预算、场地规划以及人员分配等事项做出合理的安排，然后落实具体的细节。表6.1-1 所示为情侣活动的主要环节与细节说明。

表6.1-1　情侣活动的主要环节与细节说明

主要环节	细节说明
确定主题	确定活动主题，如七夕鹊桥会、转角遇到爱等
场景布置	1.店外布置。可在店外搭建彩虹门、放置憨态可掬的充气玩偶来吸引来往人群的注意。工作人员可发放一些代金券或匹配活动主题的小礼品。 2.店内布置。将店内一角作为拍照区，确保在装饰品与灯光的相互作用下，画面梦幻、唯美。情侣们可以在这里拍照合影，餐饮店也可号召顾客将照片发布到社交平台，通过"秀恩爱"的方式获得优惠并吸引更多顾客
活动形式	1.推出情侣专属套餐。 2.安排以爱情为主题的小型观影活动或歌唱节目。 3.动员情侣参与剧本杀、角色扮演等适合情侣之间互动的游戏。 4.成立店内"单身俱乐部"，通过开单身派对的形式邀请单身顾客前来光顾
优惠政策	1.提前发放代金券。 2.活动当天实行满减优惠，如消费满100元减13.14元、七夕节消费打7折等。 3.鼓励顾客主动分享恋爱故事，活跃店内气氛。对愿意分享的顾客予以赠送菜品或免单的奖励
线上推广	1.在征得顾客同意的前提下，将活动当天情侣们的甜蜜画面发布到社交平台，吸引同城顾客。 2.提供线上表白服务。如顾客给门店的微信公众号发送表白对象的姓名就可自动生成一封表白信，再一键转发就可以将这份爱意传递出去

把握好情侣活动的主要环节与相应细节，餐饮店就能让情侣活动丰富多彩，将门店形象巧妙地融合到顾客的个人生活与节日氛围中。

6.1.5 公益活动，塑造良好社会形象

公益活动的主旨在于传递每个人心中的爱。餐饮店开展的公益活动应充分贴合人们的日常生活。

2021年5月16日是一个格外有纪念意义的日子。这一天，南宁首家肯德基助残餐饮店"天使之家"正式营业。

"天使之家"的绝大多数员工都是患有智力障碍或听力障碍的残疾人。肯德基为这些"天使"们制定了一套专属的培训方案，经过培训后，他们可以轻松地完成点餐、食品制作等工作。

"天使之家"还贴心地更换了店内的硬件设施，为员工们创造了更舒适、便利的工作环境。

肯德基的这些温暖举动不单为企业自身塑造了良好的社会形象，更让这些残障人士感受到了社会的善意，从而更好地树立自信，实现人生价值。

餐饮店开展公益活动可采取如下方式。

1．节约食物

餐饮店可针对浪费食物的现象，组织以节约食物为主题的美食竞赛。比如，餐饮店可以将隔夜米饭作为参赛的主要食材，将其制作成什锦炒饭、锅巴等美食，以此号召减少浪费。

2．关爱弱势群体

餐饮店可以定期举办手工美食制作活动，邀请店内顾客一同参与美食制作，并将做好的成品送到孤儿院或残障人士手中。

3．慈善义卖

餐饮店可以在店内设置义卖区，由顾客将闲置物品捐给餐饮店作为义卖商品，义卖收入将由餐饮店代顾客捐赠给慈善机构。

4．找零捐款

餐饮店可在收银台放置捐款箱或收捐款的二维码。顾客买单涉及找零时，可以选择将需要找回的零钱捐出，这笔款项由餐饮店暂时保管，待到积攒至一定量时再统一用作公益活动的开展经费。

6.2 平台营销，背靠平台放大品牌

餐饮经营过程中，经营者需要面对诸多考验。风云变幻的市场竞争中，借助强大平台开展营销，是餐饮店立足行业、扎根市场的重要手段。

6.2.1 口碑营销，吸引顾客

"金杯银杯不如老百姓的口碑"，口碑才是餐饮店赖以生存的根基。

餐饮店要树立口碑，除了依靠熟客宣传，更需要掌握顾客的真实需求，使顾客建立对餐饮店的信任感。餐饮店可从以下几点着手，实现口碑营销。

1．避免"自嗨式"营销

营销最忌讳商家自我感动，却对顾客的真正需求一无所知。顾客明明喜欢面食，餐饮店却一味强调自家米饭多香多好，价格多么实惠……类似的"自嗨式"营销无法真正地打动顾客，也无法为餐饮店塑造良好口碑。

2．确定营销坐标

口碑营销不只是单纯地依靠熟人口口相传，也不仅是通过发传单、做海报的方式来开展。餐饮店首先要确定营销坐标，既依托自身的特色，也迎合顾客的特征及喜好，如此才能发展顺遂。

3．把握自媒体时代风向标

自媒体时代，人人都是行走的活招牌。餐饮店可以邀请美食博主到店直播，或者举办"网红"美食品鉴会等线上推广活动，借助"网红"的流量，打

造线上口碑。

4．增加就餐附加价值

增加就餐附加价值，是指在为顾客提供美食与服务的基础上，进一步加深顾客对餐饮店印象的营销策略。很多餐饮店都会在顾客等餐的间隙为其提供小吃、茶水、儿童陪伴甚至美甲服务，这些附加价值能让顾客在等餐时不再枯燥难熬，为餐饮店赢得了好口碑。

5．巧用线上营销工具

餐饮店可以借助微信小程序等移动社交工具，发起砍价、助力拼单等活动，顾客通过将活动转发给好友的方式获取优惠。餐饮店的知名度在类似的转发行为中得到提升，为口碑营销奠定基础。

6.2.2 合作营销，如何与各大银行信用卡平台合作

餐饮店与银行信用卡平台的合作是典型的商业资源互换行为。在信息时代，闭门造车的观念早已被淘汰，只有整合资源、捆绑营销，才能创造更大的价值。

为获取有效客户，银行信用卡平台通常会开展赠送礼品的活动，如办信用卡送豆浆机、行李箱等。餐饮店为引流也经常发放优惠券，举办线上或线下活动。实际上，银行信用卡平台与餐饮店有合作的利益点，完全可以携手合作。

例如，用信用卡在餐饮店消费能获取更大的用餐优惠，就能吸引更多的人办理信用卡。

餐饮店选择与银行信用卡平台合作，也能获得收益。与银行信用卡平台合作将为餐饮店精准引入优质顾客，他们很可能会发展为餐饮店的消费主力。同时，餐饮店与银行信用卡平台合作也代表自身市场定位较高，产品品质出众，有利于提升品牌知名度。

餐饮店与银行信用卡平台的合作有多种方式，如图 6.2-1 所示。

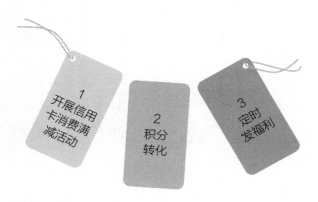

图6.2-1　餐饮店与银行信用卡的合作方式

1．开展信用卡消费满减活动

信用卡消费满减活动如消费满100元减20元等。顾客为获取满减优惠，就会多点一些菜品，餐饮店的营业额也将随之增多。

2．积分转化

餐饮店可设置消费满10元换1个积分，积分满20送小食一份，并仅限堂食。顾客只要到店，通常不会只吃一份小食，只要顾客额外点餐，餐饮店就实现了信用卡客流量的转化。

3．定时发福利

餐饮店和银行信用卡平台可以通过定时发红包、抽奖等营销手段吸引顾客关注，起到刺激消费的作用。

6.2.3 团购平台如何营销

团购平台问世以来，许多餐饮店出于吸引更多客流量的考虑，纷纷选择入驻团购平台。餐饮店选择在团购平台上进行营销时的注意事项如下。

1．自我审查

餐饮店在正式入驻团购平台之前，需要事先做好以下几个方面的自我审查。

（1）经营资质。餐饮店的经营手续和相关资质必须齐全。

（2）卫生。餐饮店的卫生状况必须过关，保证菜品安全、健康，让顾客吃得放心。

（3）特色。在保障菜品品质的前提下，餐饮店拥有自身特色将会吸引更多顾客光顾。

（4）服务。服务的质量与效率决定了顾客对餐饮店的印象，优质高效的服务是吸引顾客二次光顾的关键。

（5）优惠。餐饮店的团购优惠力度越大，吸引到的客流量将会越多。

2．平台选择

除了自我审查之外，餐饮店也要做好对团购平台的选择。良好的团购平台有以下几个方面的特点。

（1）用户多，流量大。

（2）平台政策合理。

（3）商家补贴多。

（4）诚信可靠，结算及时。

3．平台竞争策略

团购平台上餐饮店数量众多，竞争异常激烈。如何才能在一众同行中杀出重围？以下平台竞争策略可供参考。

（1）差异化经营。锅包肉在北方是一道常见的家常菜，当在团购平台上搜索"锅包肉"3个字时，可能会弹出数十家餐饮店，而且菜品图片看起来似乎都差不多，这就会让顾客很难抉择。这时，顾客很可能选择价格最低的那家，导致其他餐饮店的客单价上不去，菜品价格空间就会被不断压缩。

但是，如果其中一家餐饮店将店铺名字改为"传统老式锅包肉"，情况很可能大有不同。顾客会抱着尝鲜的态度选择该店，即便价格高一些也无所谓，这就是差异化经营的好处。餐饮店开发自身的与众不同之处，就有机会占据更大的市场空间。

（2）改变菜单结构。不少餐饮店认为，团购就是越便宜越好。在类似认知的影响下，餐饮店更多只是在团购平台上推出平价菜品，菜单结构单一。

此外，餐饮店出于提升某一单品销量考虑，会将该单品改成套餐售卖。此时，顾客不用纠结如何选择，选择套餐即可，但店内其他菜品的销量会因此下降。其实，餐饮店不提供套餐而是让顾客自己搭配，可能会更有利于一些菜品的销售，进而增加营业额。

6.3 社群营销，精准聚集顾客，使其持续消费

相较于公众号营销、抖音营销等推广形式，社群营销具有使用频率高、受众广泛、推广目标集中的特点。

6.3.1 社群构建，塑造精准顾客流量池

餐饮店构建社群前，应明确建群目的。其一是持续精准输出，主要指将餐饮店的优惠活动信息、菜品上新信息等在第一时间投放出去。其二则是快速实现流量转化，即将社群流量转化为消费顾客，实现流量的最终变现。表6.3-1所示为社群营销的操作步骤与说明。

表6.3-1　社群营销的操作步骤与说明

操作步骤	说明
引流	只有社群成员数量足够多时，社群才能保持活跃。餐饮店可以通过扫码入群送红包、享打折优惠等将顾客纳入社群
发福利	餐饮店可以定期在群内发放福利，使顾客留在群里，即"稳住顾客"
裂变	餐饮店可以进一步鼓励顾客邀请好友入群，并对积极邀请好友入群的顾客给予相应的奖品。顾客邀请到的好友数量越多，奖品越丰盛
价值输出	餐饮店可以在群内发起每日签到打卡的活动。顾客通过打卡换取积分，积分可以抵扣现金用于店内消费。餐饮店也可以在社群里发送家常菜的制作教程，动员顾客亲自尝试，号召顾客将做好的菜品拍照或录制成视频，并发送到社群里，参与分享的顾客可以获取门店消费优惠

餐饮店构建社群能快速地获取顾客资源，但在实施的过程中也存在美中不足的地方，餐饮店应予以规避。图 6.3-1 所示为餐饮店社群运营问题。

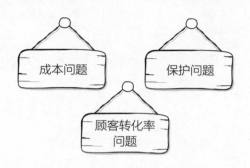

图6.3-1　餐饮店社群运营问题

（1）成本问题。社群的日常管理需要持续投入人力资源，包括每日要安排专人负责回复社群内的问题，有新人入群时还要第一时间给予问候。活跃社群需要隔三岔五地发红包、抽奖等，这些都会增加餐饮店的运营成本。

（2）保护问题。餐饮店辛苦获取的顾客资源很容易被混入社群的同行窃取，社群私密性与安全性难以得到有效保障。

（3）顾客转化率问题。很多顾客刚入群的时候都是奔着优惠去的，在得到优惠后的第一时间就会退群或者屏蔽群消息，因此餐饮店很难实现顾客的持续高效转化。

6.3.2 社群运营，给顾客留下来的理由

社群运营需要餐饮店维护好现有顾客资源，并提供充足的理由让顾客留下来。对此，餐饮店自有一套完整的组织架构和逻辑体系，只要运用得当，就很可能取得意料之外的收获。图 6.3-2 所示为社群运营的基本方向。

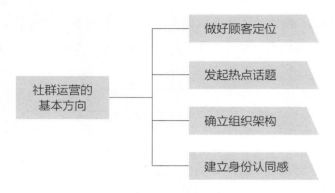

图6.3-2　社群运营的基本方向

1. 做好顾客定位

餐饮店应在顾客入群后做好信息登记，简单记录顾客的年龄、生日及用餐喜好等，以此对入群顾客进行初步定位，并实施针对性的营销策略。

2. 发起热点话题

社群运营过程中最令人担心的是"冷群"。餐饮店应适时地活跃社群气氛，挑起成员的表达欲望。餐饮店可进行如下操作。

（1）在群内发起热门话题，比如女士通常比较关注的美容、减肥话题，或男士感兴趣的汽车、国际新闻等话题。

（2）餐饮店可以推动顾客确立共同目标，促进顾客之间的交流，比如早起打卡、跑步签到等。餐饮店要安排专人进行数据统计，对坚持时间最久的顾客可给予一定的奖励。

（3）定期组织线下活动，比如集体观影、群内单身男女相亲派对、线下美食制作培训等，丰富有趣的线下活动可保持顾客对社群的新鲜感。

3. 确立组织架构

社群成员主要有群主、群管理员、气氛担当以及绝大多数的潜水顾客。其中，气氛担当是指那些积极发言，表现活跃的顾客。这部分顾客的需求更为明确，餐饮店需结合这些顾客的特点，给予他们更多的消费优惠、活动特权和源于社群的荣誉感。

4．建立身份认同感

人人都享受与众不同的感觉。实力强劲的餐饮店可以第一时间建立起顾客的身份认同感。例如，只有在餐饮店消费达到一定数额的 VIP 顾客才有资格加入社群。入群顾客除了可以在本餐饮店用餐时享受优惠外，还可以获得洗浴、购物、出行等方面的优惠。这样一来，顾客非但不会轻易退群，反而还会以加入社群为荣。

6.3.3 社群推广，精准把握顾客需求

成功的社群推广都建立在对顾客需求的精准把握的基础上。餐饮店要清楚地知道顾客想要什么，并在此基础上持续输出价值，让顾客在心理上产生"这就是我想要的"的满足感。

将加入社群的顾客从需求角度进行分类，大体可以分为以下 3 类。

1．为福利而来

对于这类顾客，多开展优惠活动就可以了。优惠活动的开展形式可以设定为朋友圈集赞赢代金券、助力好友消费等。只要让顾客感觉参与活动能获得优惠，不参与就是巨大的损失，社群推广就取得了成功。

2．为拓展资源而来

这部分顾客通常从事营销相关的工作，对社会关系资源有着特定的需求。对于他们，没有什么比利用社会关系资源来获得利益更有效了。

餐饮店可以尝试建立返点机制，拿出一部分利润做返点活动。但这需要餐饮店借助带有返点功能的小程序来开展活动。当顾客转发活动链接后，只要有人通过该链接下单，系统就会自动对活动转发人进行返点。通过链接下单的顾客还会与活动转发人形成绑定关系，成为活动转发人的永久资源，新顾客每通过活动链接产生一笔消费，活动转发人都会取得相应的返点。如此一番操作下来，顾客的社会关系源就得到了最大限度的开发，餐饮店也达成了营销目的，

双方实现了共赢。

3．为学习而来

这类顾客基本属于经营餐饮店的同行，他们一般缺乏经验，想要运营社群又不了解方法，因此选择潜伏在群里偷师学艺。

针对这样的顾客，餐饮店可以布置阶梯性任务。

假设活动的预热时间是 21 天，7 天为一个阶段，每完成一个阶段的宣传任务就会获得相应的奖品，同时解锁下一阶段的任务，越到后面奖品的价值越高。

正是出于充分了解和体验整个活动的目的，该类顾客基本会坚持完成所有阶梯性任务。在他们看来，全程参与既能学到技巧，还有奖品拿，可谓一举两得，而餐饮店则能达成营销目的。

6.3.4 粉丝培养，如何培养餐饮店粉丝

粉丝，即认同、支持、喜爱乃至忠诚于餐饮店的顾客。当顾客在餐饮店消费后，对餐饮店的菜品、价格、环境或服务感到满意，就会选择再次前来消费，并将餐饮店介绍给身边的亲戚朋友，并逐步发展成粉丝。

粉丝是餐饮店屹立不倒的靠山，一些传统餐饮店在粉丝的支持下甚至延续了上百年。餐饮店可以通过哪些方式来稳定粉丝群体，又该如何培养出更多粉丝？

1．建立粉丝群

建立粉丝群能实现粉丝的集中管理，推送优惠活动也更加方便。顾客加入粉丝群的方式主要有以下 3 种。

（1）消费后直接入群。顾客消费后，可直接扫码加入粉丝群。新入群粉丝会收到群内发放的代金券，下次消费时可抵扣现金使用。这样能将新顾客沉淀下来，促成二次消费。

（2）消费累积入群。顾客在餐饮店内的消费达到一定金额，就能加入粉丝群。入群后，顾客在领取二次消费代金券时，本次消费也能享受打折优惠。

（3）充值入群。相较于打8折，"充值满1000元送200元"等优惠可能会给顾客留下更深刻的印象。顾客充值后即可加入粉丝群，入群后不但能享受现有优惠，还能享受领取优惠券、菜品赠送等粉丝特权。

2．打造粉丝特权

餐饮店应将粉丝与普通顾客加以区分，给予粉丝更多的优惠，比如推出粉丝专属优惠套餐、粉丝消费就赠送礼品等。

3．建立粉丝积分制度

顾客成为餐饮店的粉丝后，每次的消费金额都能转换为积分。当积分达到一定数量时，就能换取餐饮店提供的精美礼品，积分越多，可换取的礼品越贵重。

4．每周留出一天"粉丝狂欢日"

"粉丝狂欢日"当天，粉丝能享受全场菜品打折、酒水免费或积分翻倍等优惠。

6.3.5 社群红包，让社群气氛时刻活跃

大多数社群会通过发红包的方式来调节气氛，提高顾客活跃度。但红包的作用并不仅限于此。从营销角度而言，餐饮店在社群内发红包的行为相当于抛出敲门砖，即敲开顾客的心门，与顾客建立起良好的互动关系。

表6.3-2中总结了8种社群红包的发放技巧。

表6.3-2　8种社群红包的发放技巧

序号	红包类型	发放技巧
1	活动红包	活动前夕，餐饮店应事先在社群内发放一波红包作为铺垫，发挥活动预热的作用，提前吸引一波眼球
2	节日红包	在春节、中秋节、七夕节等有代表性的节日里发红包，相当于传递美好的祝福

序号	红包类型	发放技巧
3	签到红包	举办日常签到活动活跃社群气氛，对坚持签到的顾客给予发放红包的奖励
4	生日红包	对加入社群的顾客做好信息登记，记录下顾客的生日，并在顾客生日当天送上暖心的生日红包
5	任务红包	当顾客完成给予餐饮店好评、消费晒单等任务后，就能在第一时间收到餐饮店的红包
6	店庆红包	餐饮店在周年庆时发放大额红包，邀请顾客到店庆祝
7	拉新红包	发起社群新人挑战赛，由老顾客拉新顾客入群，对于邀请人数在前3名的顾客分别发放不同金额的红包作为奖励
8	促销红包	妇女节、"双十一"购物节、年货节是全民消费狂欢日，餐饮店应在这些时间点主动迎合顾客的消费热情，在社群内发红包，引导顾客到店消费

结合自身实际情况，餐饮店可以对上述技巧进行组合运用，以达成最好的营销效果。

6.4 私域营销，让餐桌直达顾客朋友圈

私域营销是指将现有顾客以及潜在顾客进一步沉淀到餐饮店流量池内，通过持续、集中的价值输出辅以情感连接的方式，向他们传递餐饮店的魅力，使他们建立起对餐饮店的认同感并产生到店消费的意愿。

6.4.1 人设塑造，让餐饮店的形象人格化

形象人格化分为两种。其中一种是指经营特色的人格化。所谓经营特色，可以是餐饮店的文化主题，也可以是特色菜。例如，某餐饮店的特色菜是小龙虾，其就针对这道菜推出了一段拟人化的文案"吃我之前请洗手，毕竟我干净了一辈子"。虽然文案只有短短的一句话，却传递了诙谐幽默的餐饮文化，体现了该餐饮店菜品的好品质。另一种形象人格化是指餐饮店品牌的人格化，如

肯德基爷爷、麦当劳叔叔都是餐饮店品牌人格化的典型案例。顾客想起这两个餐饮店品牌时，脑海里都会浮现出亲切的人物形象。

餐饮店形象人格化并非一日之功，经营者可以从多个角度进行努力。图 6.4–1 所示为餐饮店形象人格化的实现方式。

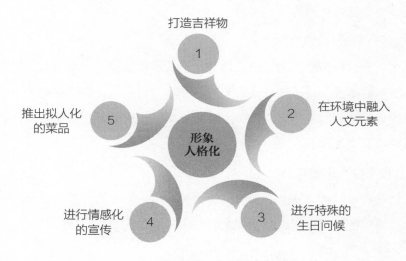

图6.4–1　餐饮店形象人格化的实现方式

1．打造吉祥物

餐饮店可以借鉴肯德基、麦当劳的案例，打造专属吉祥物。吉祥物可以是可爱的卡通人物，放置于门口最显眼的地方用来迎接顾客。餐饮店也可以进一步开发出周边产品，如吉祥物抱枕、水杯、雨伞等，作为顾客在餐饮店消费的赠品，并确保不对外售卖。

2．在环境中融入人文元素

顾客对于餐饮店的印象并非只来源于食物。有时候，熟悉的旋律、舒适的椅子，或角落里不起眼的装饰画，都有可能加深顾客对餐饮店的印象。例如，餐饮店可以以"家"为主题，通过暖色系灯光、轻柔舒缓的音乐和带有饮食特征的果蔬装饰画，营造和谐、温暖的家庭氛围，让顾客在踏进店门的瞬间就有回家的感觉。

3．进行特殊的生日问候

餐饮店可以在顾客的生日当天发送电子贺卡，以"亲爱的某某"为开头，附上温暖的文字或是抒情小诗，结尾处再添加生日礼物兑换码，顾客到店展示兑换码就可以领取一份生日礼物。类似的生日祝福，比发红包、赠菜的方式更有温度，更容易打动顾客。

4．进行情感化的宣传

餐饮店要进行情感化的宣传。例如，某餐饮店制作了一幅绘有一位伤心哭泣的小女孩的海报，海报空白处附上一段文案"对不起，都怪我把饭菜做得太好吃，才让你看着越来越有福气"。画面与文字构成的强烈反差必将让顾客对餐饮店的印象更加深刻。

5．推出拟人化的菜品

餐饮店还可以在菜品上下功夫，给菜品添加人格化的标签，如暴躁的麻辣香锅、悲情的苦瓜炒鸡蛋、甜如初恋的红酒雪梨等。

6.4.2 信息推送，别让广告骚扰了顾客

推送广告能加深顾客对餐饮店的印象，提高品牌曝光度并充分宣传餐饮店。但在私域营销中，广告的推送不能随心所欲，要有一定的策略，否则就会对顾客构成骚扰。

餐饮店推送广告的策略如图 6.4-2 所示。

图6.4-2　餐饮店推送广告的策略

1．建立广告推送管理制度

广告推送要适时、合理，避免毫无章法、肆意推送。餐饮店应建立广告推送管理制度，设定广告推送的细节，尽量减轻顾客对广告的抵触感。

（1）餐饮店应在社群中设置管理员与小助手等角色，由他们分别负责推送广告和回答顾客问题。

（2）合理设置推送广告的时间，避免打扰顾客休息。

（3）推送内容简洁，控制文字长度、图片与视频的数量，避免过多占用顾客手机内存。

（4）推送广告的同时要发放福利，以消除顾客对接收广告推送的抵触情绪。

2．制作创意广告

具有创意性的广告通常会受到顾客的喜爱。这类广告的效果出色，这源于餐饮店做对了两件事，一是瞄准了顾客需求，二是增强了情感互动。

不同顾客的兴趣点是不同的，餐饮店要针对不同顾客分别推送其可能感兴趣的内容。

3．引发情感共鸣

餐饮店广告并不一定要具备"实质性"的内容，餐饮店可以制作一些画面精致唯美的海报，在空白处附上餐饮店的名字和LOGO，再配上两句饱含文艺气息的文案，就极有可能吸引顾客关注，甚至还会有"走心"的顾客将海报转发到朋友圈，帮助餐饮店做推广。

6.4.3 情感连接，成为顾客的知心朋友

餐饮店搞活动时人气爆棚，没活动时就很冷清，顾客是否永远只想占便宜而无法产生黏性？经营者产生类似想法时，就陷入了思维误区。经营者与其抱怨顾客无情，不如反思自己是否与其建立起了情感连接。

情感连接不是表面的嘘寒问暖，而是真正站在顾客的立场洞察对方的需

求。顾客想要什么？顾客会被什么吸引？餐饮店应该怎么做？以这3个问题为出发点，经营者往往能发现更具参考意义的视角。

1．以菜品建立情感连接

餐饮店的主要职责是用心做好每一道菜，而建立情感连接也离不开菜品的支撑。

（1）口味选择。不同地域、不同年龄段的人，其口味是有所差别的。单就吃辣这件事来说，每个人对辣的定义不同，接受程度也不一样。餐饮店可以设置微辣、中辣、特辣等口味，让顾客能直接按照自身需求进行选择。

（2）摆盘用心。今天，一盘菜被端上桌，人们往往会第一时间拿出手机拍照发朋友圈。菜品摆盘的重要性由此可见一斑。后厨应做好食材颜色的搭配，构思精致的菜品摆盘方式，并适当点缀别致的小装饰物，为顾客献上出彩的美食艺术品。

2．以服务建立情感连接

在条件允许的情况下，餐饮店可以考虑进行免费食品供应，如免费水果、免费茶水或者免费冰激凌等。这项服务会减少餐饮店的部分利润，但能在一定程度上提高顾客满足感，使顾客给予餐饮店更多的好评。

3．以情境化宣传建立情感连接

例如，外婆家的宣传语"外婆喊你回家吃饭"，让人乍一听就会产生怀念、亲切的感受。类似的情境化宣传往往容易使顾客产生情感共鸣。餐饮店还可以从爱情、事业、理想等一系列带有美好寓意的主题出发，营造对应的情境，尽可能触动顾客内心。

4．在深挖顾客需求的基础上建立情感连接

越来越多的"一人食"店开始出现，这类餐饮店的单间只能容纳一个人就餐。顾客落座后，服务人员会拉下帘子，为顾客提供私密的用餐空间。这类餐饮店挖掘到了一些顾客的深层需求，照顾到了那些想要远离社交的顾客，与其的情感连接也因此建立。

6.5 文化营销，让餐饮店不仅仅是吃饭的地方

文化营销，是指向顾客传递价值理念、展示品牌个性的营销模式。文化营销下，产品本身被淡化，情感元素逐渐被放大，最终与顾客的内在需求合二为一。

6.5.1 漫画营销，让用餐成为娱乐活动

漫画逐步融入新兴餐饮文化，正越来越受到顾客的喜爱。漫画主题餐饮店内，原本普通的场景在顾客眼中成了二次元世界。传统的就餐体验被突破，顾客可以一边品尝美食，一边欣赏漫画场景，做一回"画中人"。

以漫画元素作为餐饮店主题，能辅助餐饮店进行宣传推广，既发挥图文说明功能，也可以凭借惟妙惟肖的形象传递细腻的情感，从而引起顾客的兴趣，调动顾客的感官体验。

在具体的策划、实施层面，餐饮店可通过如下步骤构建漫画营销体系，为顾客创造更好的体验。

1．在装饰物中融入漫画元素

餐饮店可借助带有漫画元素的装饰物，进一步营造漫画氛围，让顾客产生更强的代入感。

（1）墙体装饰、地面装饰等都要最大限度融入漫画元素。

（2）摆放漫画人物手办、漫画书来营造氛围。

2．举办漫画主题派对

餐饮店可定期举办漫画主题派对，为顾客提供绘制漫画所需的工具，并邀请专业的漫画师现场指导。

3．推出漫画菜单

餐饮店可推出漫画菜单，在其中详细画出每道菜品的样子和其中的主要食材。

为使菜单看起来更具趣味性，餐饮店还可以在菜品旁添加相应文案，让菜品以第一人称的视角向顾客介绍自己。

4．设计专属漫画作品

餐饮店可以设计专属漫画作品，如教做菜的漫画菜谱、虚构的漫画代言人或者幽默的漫画小故事等，通过餐饮店的社交账号定期连载吸引更多顾客关注。

6.5.2 游戏营销，让顾客爱上餐饮店游戏

在传统营销模式下，顾客的感官体验比较单一，难以对餐饮店留下深刻的印象。而人在玩游戏时，多重感官会被同时调动，精神处于高度集中的状态，对事物的印象也会随之加深。餐饮店可以借助游戏开展营销，具体可以从以下几个方面入手。

1．线上游戏

线上游戏不受时间与空间的限制，拥有更多的自由发挥空间，也更容易被顾客接纳。

（1）微信小游戏。餐饮店可以开发一款属于自己的微信小游戏，让顾客在游戏中通过做任务的方式来换取消费积分。这种营销方式新奇有趣，既能让顾客体验到游戏的乐趣，还能辅助餐饮店做宣传。

（2）打卡游戏。餐饮店可以在微信群发起早起打卡、跑步打卡、好书打卡共读等游戏活动，倡导积极、健康的生活理念，输出正能量，吸引顾客的关注。

（3）接龙游戏。如成语接龙、歌曲接龙、促销活动的接龙等。例如，在大促前夕，餐饮店可以在微信群内发起接龙游戏，接龙成功的前100名顾客到店能领取精美礼品一份。

2. 线下游戏

线下游戏虽然对时间、场地等客观条件有一定的要求，但更具互动性和场景代入感。

（1）亲子游戏。餐饮店可以围绕亲子话题设计能增加父母与孩子互动的小游戏。比如，捉迷藏、侦探游戏等；也可以让工作人员穿上可爱的布偶服装与顾客一起玩猜拳的游戏，获胜的顾客将获赠免费菜品一份。

（2）桌上游戏。餐饮店可以事先准备好角色服装，组织顾客们一起参与角色扮演、狼人杀等桌上游戏。这类游戏深受现代年轻人的追捧，沉浸式的游戏体验会给顾客留下一段难忘的回忆。

（3）厨艺比拼游戏。餐饮店可以邀请顾客现场进行厨艺比拼，菜品由店内厨师和其他顾客共同品鉴后打分，得分最高的顾客将会得到餐饮店送出的奖励。

6.5.3 关联热点，把餐饮店文化融入热点

热点是指在社会上被公众持续关注并热烈讨论的话题。关联热点同样是餐饮营销的重要方式，它能帮助餐饮店提高曝光度，传播品牌文化。在第一时间捕捉并关联热点，是经营者应具备的能力。

餐饮店可关联的热点有多种，如图 6.5-1 所示。

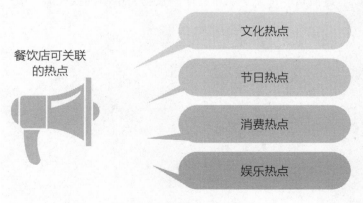

图6.5-1　餐饮店可关联的热点

1. 文化类热点

餐饮店可以借助餐饮文化热点事件开展营销，例如央视纪录片《舌尖上的中国》自播放以来广受好评，餐饮店可以蹭一波节目热度，推出《舌尖上的中国》的同款美食。

2. 节日热点

节日话题是较好的热点话题，节日背后蕴藏着美好情感，而这也是餐饮消费所应体现的价值。例如春节、中秋节象征着团圆与美满，餐饮店可在把握好节日寓意的基础上，针对性地开展特色营销活动。

3. 消费热点

"双十一"购物狂欢节、"女神节"、年货节等，都是重要的消费热点，在这期间，餐饮店应提前制定好促销方案，吸引更多的顾客到店消费。

4. 娱乐热点

"下雪天就是要吃炸鸡，配啤酒"，这是韩剧《来自星星的你》中的一句台词。这句台词一度带火了许多炸鸡店，成为餐饮营销经典案例。

由于明星带有一定光环，其粉丝往往会关注明星的喜好，然后寻找同款。餐饮店可以通过搜索"顶流"明星喜欢的食物，推出同款菜品，吸引其粉丝前来光顾。

第 7 章

餐饮采购控制：如何优化餐饮成本

餐饮店采购食材，受地域、温度、保质期等客观因素限制较大。本章将深入探究科学合理的食材采购逻辑，防止餐饮店掉入采购"陷阱"。

7.1 如何选择合适的餐饮采购方式

借助现代化管理工具和创新经营理念，新的餐饮采购方式正不断发展，在传统采购方式的基础上进一步优化升级。

7.1.1 统一采购

越来越多的餐饮店选择通过统一采购的方式来降低成本、提高管理效率。缺乏经验的餐饮新人首先应确立采购的基本逻辑，千万不要简单地将采购定义为买东西，只要质优价廉就好。实际上，采购涉及餐饮店多个环节的运作，是一门系统的学问，需要经营者从成本控制、时间管理以及菜品质量管理等多个方面进行合理的分析。

统一采购是指针对某种特定产品进行一次性的大批量采购，以此作为与卖家讨价还价的筹码，进而压低进货价格。如果是包含众多分支机构的连锁餐饮集团，无论门店在何处，物料通常由总部指定的供应商统一提供。无论是大名鼎鼎的必胜客、西贝、海底捞，还是被越来越多的人所熟知的绿茶、小菜园、和府捞面，都是通过统一采购的方式进行资源的合理获取、分配和利用的。

统一采购的优势在于采购平台、采购流程与采购数据的统一。通过制定规范化的采购制度，对采购流程采用恰当的监管措施，整个采购流程能实现清晰化、透明化，所有的采购记录和具体的采购信息都清晰可查，采购信息、采购数据都将由经手人形成台账并不断汇总。这样经营者就能随时随地精准查账，及时发现与修复采购过程中存在的漏洞。

统一采购能在一定程度帮助餐饮店缩减开支，实现规范化管理，但对实施层面也提出了新的要求。

1．对管理制度要求严格

餐饮店应拥有系统的管理制度。经营者对每种物料的进出库价格以及消耗情况等都要做到精准分析，对采购计划之外的特殊情况，要事先做好备选方案，以免扰乱正常的采购秩序。

2．对供应商的选择要严格把关

统一采购虽能争取到更大的优惠力度，但一旦出现问题，对餐饮店造成的损失也将是巨大的。餐饮店在统一采购前，必须对供应商进行全方位的分析比较，尽量选择库存充足、产品质量稳定的供应商进行长期合作。

3．避免滋生不正之风

统一采购会导致采购决策权的集中，权力的高度集中有可能会滋生以权谋私事件，从而损害整个餐饮店的利益。为此，餐饮店必须加强监督管理，避免不正之风的形成和蔓延。

7.1.2 采购"组合拳"

餐饮行业的采购涉及大量生鲜食品，其保质期普遍较短，为确保顾客能在第一时间品尝到最新鲜的食材，大型餐饮企业纷纷打出统一采购与各区域分散采购相结合的"组合拳"。

统一采购与分散采购看似矛盾，其实分别适用于不同方面，两者的组合方法主要如下。

1．统一流程

为了缩短运输时间，保证食材不会因为长时间的运输而腐烂变质，餐饮企业可以拟定企业内部的采购线路，分散采购后在生产基地统一装车，再由专人负责分拣与配送到各个门店。整个流程的实施需要各区域门店提前上报采购数量，再由企业统一采购、配送。

2．分拨中心

对于一些经济发达的省会城市、客流量较大的港口城市等，餐饮企业可以建立物料的二级分拨中心。对于一些季节限定性食材，如阳澄湖大闸蟹等，就可以优先供应给一些消费量较大的地区。这样既能让当地顾客第一时间品尝到最新鲜的食材，还有利于保障该地区供应链的长期稳定，赢得顾客口碑。

3．权限管理

针对区域饮食特征较为明显的食材，餐饮企业可以适当放宽区域的采购权限，允许其根据当地饮食习惯酌情采购。

餐饮企业组合运用统一采购与分散采购的方式能有效平衡企业和门店之间的采购需求与权限，这种模式不但能让采购环节灵活可控，还能在一定程度上稳定企业运作秩序，提升品牌竞争力。

7.1.3 联合招标采购

联合招标采购是指多家餐饮企业联合起来，以共同招标人的身份发布采购需求。在联合招标采购中，买方将获得更大的定价话语权。

2019 年 3 月，山西省太原市举行了一场共享餐饮供应链时代盛宴的活动，各地的餐饮人才在宴会上共商伙食采购解决方案，百家餐饮企业向全国食品供应链公司发起联合招标采购。该宴会吸引了广大媒体争相报道，并为其他餐饮企业进行联合招标采购提供借鉴。

联合招标采购起源于欧美国家，这种采购方式能增加采购需求量，提高采购人的议价能力，压低采购商品的成交价格，降低采购成本，以此提高餐饮企业的经营净利润。近年来，联合招标采购的优势进一步凸显，在库存管理、风险管理等方面有明显的积极作用。

1．联合招标采购的利与弊

（1）联合招标采购有利于控制成本、降低风险，同时有利于规避难以调整采购需求、招投标审批手续繁琐和采购时期长等弊端。

联合招标采购的其他好处在于能帮助餐饮企业降本增效，提高对成本的管控能力，让多家餐饮企业共同承担风险。

（2）联合招标采购的弊端在于灵活性不足，无法快速应对市场较大的需求变化。餐饮企业通常以年为单位进行联合招标采购，其签署的商务合同有效期较长，采购合同期限为1~2年。为此，自采购合同生效之日起，供应商就会严格按照合同要求提供产品。但这样的举措在帮助餐饮企业降低采购成本的同时，也埋下了餐饮企业无法快速响应市场需求变化的隐患，一旦市场需求剧增或骤减，就会大大增加餐饮企业的经营成本。

2．适合联合招标采购的餐饮企业

适合联合招标采购的餐饮企业主要包括大型国有餐饮企业、同区域内采购需求相似的中型餐饮企业等。不适用联合招标采购的情形有紧急采购、特殊规格产品采购。

（1）企业联合采购中心负责统计各企业供餐单位的采购需求，成立专项招标委员会，负责审批投标方资格、评标等。参加联合招标采购的餐饮企业多是企业联合采购中心、各企业后勤集团等。小型餐饮企业由于体量小、不具备成立招标委员会等条件，较少使用联合招标采购。

（2）大型国有餐饮企业具有特殊的企业性质，且采购需求大，对食品安全要求较高，也可以采用联合招标采购。

（3）同区域内采购需求相似的中型餐饮企业，也可以采用联合招标采购，通过扩大采购规模获得优惠与折扣。无论是处于上、中、下游不同位置的餐饮企业，还是相互竞争的餐饮企业，都可以通过联合招标采购寻求合作共赢。

7.1.4 供应商选择

餐饮店想突破传统，打造兼具色、香、味、美，而且新鲜健康的高品质菜品，选对供应商是关键。

西斯科是美国的一家食材供应商，在全美拥有超过2000万平方米的仓储基地和近 1 万辆冷链配送车。无论是新鲜的牛羊肉还是刚刚打捞上来的海产品，甚至是全球各地的特色美食等，只要是餐饮行业所需的，西斯科的仓库里应有尽有。西斯科因此成为众多餐饮企业的长期合作伙伴。西斯科的成功只因其做对了下面 3 件事。

（1）产品齐全，种类繁多，拥有一站式的采购与配送平台，让餐饮企业省心又省力。

（2）自有冷链，充分保障食材的新鲜，运输效率高。

（3）掌握食材上游供应基地，严把食品安全质量关。

餐饮企业如何在众多供应商中选择合作伙伴？其需要对供应商的多方面特点进行分析。表 7.1-1 所示为考察供应商的因素及标准。

表7.1-1　考察供应商的因素及标准

考察因素	考察标准
服务	1. 食材库存充足，品种齐全。 2. 发货记录清晰可查，相关单据有专人整理备份。 3. 对于大批量采购的餐饮企业，可以提供送货上门或免运费的服务。 4. 退货、换货不麻烦。 5. 可提供创新食材搭配方案或相关培训。 6. 拥有深加工能力，可以根据客户需要定制专属产品
效率	1. 有自助下单系统或 24 小时订货热线。 2. 发货及时，不拖延。 3. 自有冷库和冷链配送车，保证食材的新鲜。 4. 对突发状况及时给出反馈，并提供解决方案
安全	1. 自有生产基地，从生产到加工无外委环节。 2. 生产、经营、卫生等各环节的资质齐全。 3. 产品质量高，原料以及配料均有合格证和检验报告。 4. 有监测设备和人员，对于不合格产品可以及时发现和处理

7.1.5　向农户直接采购

食材品质的稳定是餐饮店长久发展的基石。餐饮店想在创业道路上走长远，就要牢牢把控住食材的供应源头。因此，向农户直接采购是不错的方案。

传统采购模式中，中间商分走了大部分的利润。餐饮店虽然付出不少，但获得的产品质量优势不足。如果餐饮店能绕过中间环节，直接打通与农户之间的供应路线，无论对餐饮店、顾客还是农户，都是互利共赢的好事。图7.1-1所示为向农户直接采购的优势。

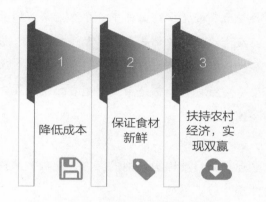

图7.1-1　向农户直接采购的优势

1. 降低成本

餐饮店自建生产基地，每年光是在场地、人工、水电等方面就要支出一笔不小的费用。向农户直接采购，相当于省去这笔费用，加上去除中间商赚差价环节，企业的采购成本将大幅降低。

2. 保证食材新鲜

餐饮店与农户建立直接采购关系，可以直接掌握食材的生长和供应周期，第一时间获取最新鲜的食材。

3. 扶持农村经济，实现双赢

根据市场需求，餐饮店能进一步向农户提供食材的培育技术、疫苗及饲料等。如此一来，餐饮店既可以与农户形成更密切的合作关系，还可以实现技能与相关资源的反向输出，积极扶持农村经济，有利于提升餐饮店的社会形象，扩大品牌影响力。

7.1.6 连锁餐饮企业自建原料基地

连锁餐饮企业自建原料基地，可以更好地把控原料品质，减小因外部环境变化所带来的冲击。

在内蒙古和新疆等地人迹稀少的山林中，孕育着丰富的物产资源。清新的空气、肥沃的土壤以及清洁的水源都是大自然无私的馈赠。基于这些地区得天独厚的优势，不少餐饮企业都选择在此建立原料生产基地。深受消费者喜爱的内蒙古羔羊肉、新疆枣夹核桃等大都是由大中型餐饮企业在产地培育并完成加工分拣，再配送到全国各地的。

如果连锁餐饮企业拥有自建原料基地的实力，能极大地提升加盟商的采购效率，其优势主要体现在以下方面。

1．统一标准

原料由连锁餐饮企业总部统一供应，可以保证食材的新鲜与安全，免去加盟商对食材有农药残留与违规添加剂的担忧。

2．精简环节

原料由连锁餐饮企业总部统一分拣配送，从产地直达门店，精简了运输环节，提高了效率。

3．成本优势

垂直性的采购模式，没有多余的中间环节，有利于降低采购成本。

自建原料基地虽能帮助餐饮企业摆脱众多烦琐的采购环节，但在实施层面需要满足一系列硬性指标。图 7.1-2 所示为餐饮企业自建原料基地需满足的硬性指标。

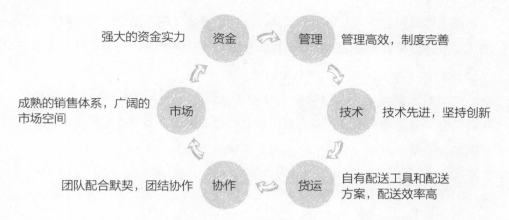

图7.1-2　餐饮企业自建原料基地需满足的硬性指标

餐饮企业只有满足自建原料基地的硬性指标，才能投资建立原料基地，真正获得优势。

7.1.7　在线自助采购

今天，经营者只需登录专业采购 App，就能获取海量的产品信息，发现优质货源，横向比较价格，实现利润的最大化。

面对市面上种类繁多的采购 App，经营者该如何选择适合自己的 App 呢？表 7.1-2 所示为采购 App 的选择标准。

表7.1-2　采购App的选择标准

参考因素	参考标准
功能	能满足现阶段的采购需求
操作	操作方便、易上手，有实操培训
潜力	扩大经营规模后依然适用
可定制	可根据餐饮企业的发展增加新功能
标准化管理	能在线对账，有票据云端存储和统一定价等功能
信息汇总	产品下单采购、出入库以及退换货等信息可自动生成、汇总及打印

采购 App 的使用并不复杂，只需借助一部手机即可。经营者可以通过输

入产品名称或用途等，搜索相关产品。正规厂家在介绍产品时，通常附有产品描述、规格型号、价格以及产品的视频和图片等，采购方能一目了然地掌握产品信息。

大多数采购 App 还具有自助下单功能。经营者在 App 自带的模板中输入采购信息，就能自动生成采购合同。合同内包含采购方与供应商的详细信息、采购条款、配送方式、采购价格及相关法律法规等。

7.2 供应商选择与采购流程控制

餐饮店在选择供应商时，应结合自身规模大小、市场定位及营业情况等进行综合考量，并设置具有针对性的采购流程。

7.2.1 如何选择和管理供应商

餐饮店有自己的特色菜品和经营理念，对供应商的要求也有所不同。餐饮店应该做好对供应商的选择和管理。

1．选择供应商应考虑的因素

对供应商的选择是后续一切管理工作的基础。图 7.2-1 所示为选择供应商应考虑的因素。

图7.2-1 选择供应商应考虑的因素

（1）质量是否过关。质量是企业生存之本。餐饮产品能否激发顾客的购买欲，形成价值，主要取决于其质量是否过关。菜品原材料质量好，顾客的体验感就好，顾客对餐饮店的信任感和满意度自然会提升，餐饮店的品牌影响力也会得到提升。因此供应商的原材料质量至关重要。

（2）价格是否具有优势。价格是采购流程控制的主要因素。同类食材在质量没有太大差异的前提下，胜出的往往是报价相对较低的供应商。这些具备价格优势的供应商能帮助餐饮店缩减采购开支，降低成本，餐饮店能将节约下来的资金用于自身的经营发展。

（3）品类是否齐全。供应商旗下产品应种类齐全，库存充裕。这样的供应商一方面能使餐饮店实现一站式采购，不需要货比三家，节省采购时间；另一方面，品类齐全也代表着供应商实力雄厚，可以满足顾客多样化的需求。

（4）服务是否周到。供应商应确保在第一时间响应餐饮店的采购计划，有专人负责售前咨询、订单处理以及安排发货等。供应商对于退换货应有完善的退换货制度，流程少，效率高。

2．管理供应商的原则

在对供应商的管理上，餐饮店需要遵守以下关键原则。

（1）在时间以及人力允许的条件下，安排专人对采购的产品进行检查。

（2）人手不足或时间紧张的情况下，应对采购的产品进行分批次或不定期的抽查。

（3）要求供应商在生产经营发生变动时提前告知。

（4）要求供应商提供产品安全、卫生防疫等相关资质，并签订协议，凡是因为供应商单方面的原因给餐饮店造成的损失皆由供应商承担。

（5）安排采购人员定期到供应商工厂视察。

7.2.2　如何制定合理的采购流程

没有规矩不成方圆。一套科学规范的采购流程能帮助餐饮店规避采购过程中的风险，减少人力、物力以及资金的浪费。表 7.2-1 所示为合理的采购流程。

表7.2-1　合理的采购流程

采购步骤	要点说明
制定预算	采购产品应事先制定预算，在预算范围内寻找采购目标
上报负责人	预算制定好后，上报负责人，经负责人审核无异议后再进行采购
询价	询价是采购流程中比较容易出现纰漏的一环。主要原因有两点：一是询价期间容易出现餐饮店内部人员事先透露预算底线给供应商的情况；二是负责询价的人员越少越好，否则容易造成多人询价，最终难以取舍的混乱局面
比较价格	对满足预算的供应商，餐饮店要事先做好产品品质、服务水平等因素的横向比较。最低报价与最高报价之间的差距最好控制在预算的10%以内，如果出现太大偏差，则需要重新评估之前制定的预算是否合理
签订合同	合同内要列明采购方与供应商的详细信息、权责义务以及违约赔偿方案等
验收入库	经检验合格的产品完成入库登记后方可进入餐饮店
付款	餐饮店与供应商事先要约定好付款方式，并标注在合同中。当采购产品出现价格波动时，供应商应提前告知餐饮店，以免扰乱餐饮店正常的采购计划

形成采购流程后，餐饮店还应将之作为书面制度确定，便于在日后的连锁化过程中复制推广。

7.3 如何控制采购成本

经营者想要将餐饮店从小做到大，实现长期发展，就应不断降低采购成本。控制采购成本，是餐饮企业永恒的话题。

7.3.1 采购流程中的质量管理

产品质量的提高通常离不开成本的增加。如果采购方一味追求控制成本，会导致供应商忽视原料的品质，最终影响采购方的产品质量。

采购过程中可能存在多种质量问题，如图7.3-1所示。

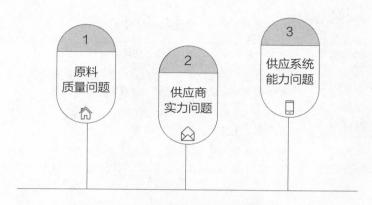

图7.3-1　采购过程中的质量问题

1．原料质量问题

少数供应商为了压缩成本，在生产过程中使用廉价的劣质原料，导致产品在质量等方面存在隐患。

2．供应商实力问题

供应商实力不足也会导致采购成本增加。

（1）供应商不具备生产某类产品的资质或缺乏系统性的质检流程，会导致产品出现质量问题。

（2）采购方变更采购需求时，供应商依据现有的生产能力和技术水平无法及时做出调整，自然达不到新的质量标准。

3．供应系统能力问题

单一的供应系统在出现交通管制、气候变化等突发状况时无法及时做出有效应对，将会导致原料在运输的过程中出现包装破损或腐坏变质等质量问题。

餐饮店应借助有效的质量控制措施，对采购质量和成本加以平衡，尤其注意规避质量或成本问题带来的风险。表 7.3-1 所示为质量控制措施。

表7.3-1　质量控制措施

质量控制措施	实施说明
建立供应商审核制度	餐饮店在与供应商合作的初期，应针对其生产资质、技术水平、原料使用情况以及仓储配送能力等进行综合性评估
成立专项质检小组	专项质检小组应针对采购产品分类，开展质量、原辅材料、包装、保质期、生产工艺等方面的检验
制定质量考核标准	餐饮店根据自身经营需要，制定一套规范性的质量考核标准。当采购产品不能达到餐饮店要求时，餐饮店应及时调整采购策略，更换供应商
提升采购人员专业素质	定期开展采购专业知识培训，组织采购人员前往供应商工厂参观，深入了解产品的研发背景和市场行情，从而更好地控制产品质量

餐饮店应针对采购中所暴露的质量问题，重点实施上述质量控制措施，确保餐饮店的质量、成本得到有效控制。

7.3.2 采购价格如何控制

影响采购成本的因素有很多，在产品质量、服务、库存等都获得保障的前提下，餐饮店要学会正确制定采购价格，以达到控制采购成本与满足采购需求的双重目的。

餐饮店可以从以下 3 个方面入手。

1．分析价格的变动规律

食材价格往往受到产地、季节、运输方式等多重因素的制约。

初夏是荔枝成熟的季节，红彤彤的荔枝遍布大街小巷的水果摊位。但是，我们比较价格以后会发现，同样的品质，北方的荔枝要卖到 10 多元一斤，而南方却只需要几元就能买到一斤。此外，相较于夏天，冬季荔枝的价格更高。

餐饮店要想通过采购价格控制成本，首先要学会分析价格的变动规律。

2．将采购精力集中于"重要的少数"

通常情况下，餐饮店中最重要原料的采购成本占据采购总成本的 80%，其采购数量却只占总采购量的 20% 左右。这个有趣的现象被称为"帕累托定理"。如果能灵活运用该定理，餐饮店即可将主要精力集中于开销较大、使用频率较高的原料上，有效提高采购效率，控制采购成本。

3. 做好采购信息的搜集工作

采购前，餐饮店可以通过网络或纸媒了解更多的行业资讯，提前搜集好采购信息。图 7.3-2 所示为采购信息的搜集渠道。

图7.3-2　采购信息的搜集渠道

餐饮店应抓住不同机会，广泛运用这些采购信息搜集渠道，获得全面的采购信息。

7.3.3 从采购数量上控制采购成本

采购数量是餐饮店在一定时期内需要采购物料的数量。餐饮店在日常经营中，可以通过控制采购数量来影响采购周期，进而实现采购成本的节约。

通常而言，原料的单次采购数量较少，其采购周期往往会较短，采购频率比较高，餐饮店每隔较短时间就要采购。相反，原料的单次采购数量较多，其采购周期往往会较长，餐饮店要隔较长时间才会开展第二次采购。

　　众所周知，供应商们对单次采购量较大的产品，会本着量大从优的原则，给予更大的价格优惠力度。因此，餐饮店对于用量大、消耗快的原料通常会选择增加单次采购数量，反之则选择增加采购次数，以免占用太多的库存空间。

　　此外，采购数量对于餐饮店的成本也有着举足轻重的影响。随着采购数量的增加，餐饮店的资金会更多地被原料占用。一旦原料出现质量问题或遭遇突发性状况，餐饮店将要承担由此带来的风险，成本自然随之增加。

　　当然，减少采购数量可以减少资金的占用，但餐饮店有可能要面临因库存不足而造成的断货风险。

　　运用下面的方法，餐饮店可以轻松获取采购数据，通过分析这些数据，就能确定合理的采购数量并降低采购成本。

　　（1）分析营业额和盘点库存。

　　（2）根据往期进货记录判断物料消耗情况。

　　（3）考察当地消费习惯，推算采购数据。

　　（4）把握季节、气候特征，结合产品的保质期，确定采购数据。

　　（5）分析库房的仓储能力，对餐饮店的资金占用情况进行统计。

　　（6）根据供应商开展的优惠活动的力度确定采购数据。

第 8 章

餐饮组织管理：如何管好后厨及服务人员

　　餐饮组织管理的重点为对工作人员的管理。本章将重点分析优化餐饮店人力成本的方法，餐饮店人力资源管理六大模块中的招聘、培训及绩效模块的内容，并梳理餐饮店后厨管理的相关知识。

8.1 如何优化餐饮店人力成本

餐饮店人力成本构成中有4座大山，分别是人力成本、招聘成本、培训成本和管理成本。降低餐饮店人力成本，应在提高人效、优化排班、优化餐饮店流程、降低人员流动率上下功夫。

8.1.1 如何提高餐饮店的人效

人效，特指人力资源管理效能，通常用单个员工一天的绩效进行衡量。使用该指标，可以对比不同员工的价值大小，总结员工每天的价值波动。

餐饮店的人效高低，主要由员工的工资和营业额比重判断。当员工的工资占营业额的比例达到或低于28%，则说明人效较高；反之，则人效较低，餐饮店需要适当调整管理方式。

"智慧收银"是提高餐饮店人效的辅助性工具，该系统于2015年开始在我国餐饮行业大范围使用。除方便顾客下单、减少排队等候外，"智慧收银"可以将每笔订单的详细数据录入系统，方便餐饮店的会计审核。

使用智慧收银系统能极大地提高餐饮店下单效率，但餐饮店人效的成本管控还面临着更多要求。

1. 提高员工人效

餐饮店有多种提高员工人效的方法。图8.1-1所示为提高员工人效的方法。

图8.1-1　提高员工人效的方法

（1）设置一职多能岗位。一职多能的管理制度下，每拨顾客都有固定的员工接待，员工在服务过程中可担任不同岗位，随着顾客用餐进度变化而更改自己的工作任务。因此，一职多能的岗位设置与普通轮岗设置的制度基础与时效不同。

（2）明确任务与职责。对完成重复性工作的员工，餐饮店需要以明确的任务与职责作为准绳，避免出现推卸责任、服务不周等负面行为。

（3）服务标准化。餐饮店应注重响应速度与服务质量，实现服务标准化是快速响应的核心办法。

2. 优化排班实现灵活用工

餐饮店有用餐高峰和低谷期，优化排班能有效降低员工使用成本，让合适的工作员工出现在准确的服务位置上。

8.1.2 如何优化排班

优化排班，是指在既满足餐饮店的接待需求又不影响顾客体验的情况下，安排最少的员工来完成工作。

餐饮店应改变对优化排班的认识，明确其优化目标。"优化"是有效降低人工成本，为满足餐饮店高低峰时期需求而采取不同方式进行灵活用工，并非盲目增加或减少员工的工作时间，更不是单纯减少员工数量。

重庆某面店对员工排班方式加以优化，将"4人10岗"制应用到实践中。具体做法是根据用餐高峰和低谷期安排员工数量，高峰期一人一岗，以更快响应顾客需求，低峰期则是4人10岗，以减少不必要的人力成本。采用该方式一个月后，面店成功地将员工数量减少一半，但依然能顺利接待每天高峰期的500名顾客。

除了以缩减员工数量的方式优化排班，其他优化排班的常用方法还包括增加时薪员工、调整后厨人员结构等。

1．增加时薪员工

增加时薪员工是指招聘除全职员工以外的小时工、兼职工等员工，采用这种方式能解决高峰和低谷期员工需求变化较大的问题，具有显著优势。一方面，餐饮店能在高峰期迅速增加服务人员，提高服务能力。另一方面，餐饮店能在低谷期减少服务人员，解决人员过剩问题。

2．调整后厨人员结构

餐饮店员工可以分成服务人员、后厨人员和管理人员3类，顾客就餐时主要接触前两种。调整后厨人员结构能起到优化排班的作用。

调整后厨人员结构的常见做法是"保高、减中低"，即依次减少低级、中级、高级后厨人员数量。餐饮店刚开业时，根据1∶3∶5的原则，分配高级、中级、低级后厨人员的数量，一段时间后再结合业绩调整后厨人员结构。

8.1.3 如何优化餐饮店流程

经营过程中，餐饮店或多或少会收到顾客的反馈意见。餐饮店应在顾客意见指导下，对流程加以针对性优化，建立简单、高效、正规的服务体系。

外婆家将后厨设置成外卖和堂食两个独立的部分，分别接收线上、线下订单，并独立出餐。这样极大地保证后厨出餐的质量和速度，提高了线上、线下顾客的消费体验。

优化流程是为了提高后厨出餐效率，其中出餐动线的设计、流程化的工作系统都非常重要。餐饮店尤其需要打造简单化、正规化的餐饮流程。其中，简单化即简化生产服务步骤，方便员工快速上手接岗；正规化是将优化后的流程固定为餐饮店管理制度，并贯彻到日常的运营与管理中。表8.1-1所示为餐饮流程的简单化、正规化。

表8.1-1　餐饮流程的简单化、正规化

餐饮流程	生产流程	服务流程
简单化	厨房内设置配方、产品制作流程和订单标签，将标签归类管理并放在安全处	设置人员配置图，让不同人员负责不同区域的工作
正规化	设计高效便捷的出餐动线；将生产流程加入日常管理制度，让工作人员主动遵守	定期对服务人员进行培训，优化服务流程；统一话术、服装、服务流程

实现餐饮流程的简单化、正规化是优化流程的基础工作。餐饮店应更进一步，确保餐饮流程能提升经营效率，从而收获全面的优化效果。

8.1.4　如何降低人员流动率，节约招聘成本

大多数情况下，招聘新人的成本比留住员工的成本更高。降低人员流动率，不仅能节约招聘成本，还能提高现有员工留存率。实际上，很多餐饮店有近3成人员的工作时间不足两年，餐饮店应关注人员流动率较高的问题，提高人员满意度和留存率。

一家大型连锁餐饮店的管理人员表示，餐饮店要留住员工的关键是满足以下3点：发展前景好、员工与上级管理者关系融洽、薪酬福利设置合理。在此基础上，餐饮店还需要进一步考虑员工与同事的关系、休息环境与员工餐的质量、工作氛围等因素。

对于如何降低人员流动率，经营者可以根据赫兹伯格的双因素理论寻找办

法。在该理论中，激励因素是与工作直接相关的，推动员工在工作过程中感到满意的因素。保健因素则是与工作无直接关系的，让员工在工作过程中感到不满意的因素。赫兹伯格还提出，激励和保健两个因素并非直接对立，经营者可以认为满意的对立面是没有满意，而不满意的对立面是没有不满意。

1．激励因素

要提高人员满意度和留存率，餐饮店应从物质和精神两方面激励员工。餐饮店的物质激励方式有加薪、晋升、发放奖金和各种灵活补贴等，精神激励则能提升员工的工作技能，即便是日常工作会议上的褒奖也会产生激励的力量。

2．保健因素

保健因素更多指向员工感受到的软文化，如员工休息环境、内部人际交往等，都有可能影响员工的留存意愿。

8.2 如何管好后厨人员

后厨人员是餐饮生产过程中的主力军，管理后厨人员对餐饮店及其产品的声誉至关重要。本节将讲解厨政管理中"人、财、物"管理工作的关键，并结合多家餐饮店的成功管理经验，解释后厨操作流程和后厨管理制度的运用。

8.2.1 如何做好厨政管理

后厨人员要对整个餐饮店的产品质量负责，管理者积极制定各项制度与规则，指导和辅助后厨人员完成工作，这个过程即为厨政管理。

20世纪初，很多酒楼的后厨人员职责明晰、生产流程标准化，是当下众多餐饮店的学习标杆。这些酒楼的厨政管理有4个共同点，即生产流程标准化、备餐出餐速度快、薪酬激励措施到位、善待员工等。

厨政管理，可以看作围绕后厨人员形成的管理体系。它融合了人力资源管理、生产管理、质量管理、配送管理等，遵循后厨人员团队运行的具体规则。此外，由于餐饮后厨存在师徒制，因此餐饮店在厨政管理中对于师徒关系也要着重关注。

具体而言，人、财、物是做好厨政管理的三大方面。

1．以人为本，建立考核机制

考核和激励后厨人员属于长期工作，餐饮店需要制定工作规范、情感关怀和激励机制，进行全方位的人本管理。

（1）餐饮店应根据经营经验制定工作规范，确保后厨快速出餐。

（2）定期检查、培训和考核后厨人员的管理状况，不断提高后厨人员的职业素养。

（3）以竞争上岗制、创新激励制等方法，鼓励员工参与创新，使员工为提升餐饮店业绩身体力行，帮助员工建立归属感。

2．多措并举降低管理费用

厨政管理费用主要包括水电费、物料消耗费、折旧费、运杂费等，餐饮店应多措并举降低管理费用。

（1）管理人员示范引领，让后厨人员产生节约水电的环保意识。

（2）加强对生产设施设备的维护保养，减少资产损耗。

（3）严格控制物料消耗，每月记录后厨物资消耗情况，研究物资账单是否存在无法匹配的问题。

3．把好采购、进货、储藏、保管关

对物的管理包括采购、进货、储藏、保管等，这些流程的管理水平将对食品安全和口感产生很大影响。

（1）根据用餐需求科学采购食材，控制采购成本。对比不同供应商提供的采购价格、数量，分析供应商的响应速度、资质，以择优选取。

（2）对不同食材分别进行运输和仓储，区分恒温运输和冷链运输、长期

储存和短期储存等。餐饮店还要定期检查仓库湿度、温度等。

8.2.2 如何优化后厨操作流程

后厨人员每天都有明确的任务清单，各岗位的人员在后厨各司其职，按照任务清单执行，确保当天正常供餐。正常情况下，后厨操作流程分成 5 个步骤，即准备工作、餐前检查、烹饪菜肴、收餐处理、打扫卫生，如图 8.2-1 所示。

图8.2-1　后厨操作流程

2022 年，为加强校园食品安全监管工作，很多城市的学校建立阳光厨房并全程直播后厨工作流程，包括净菜加工、烹饪、分装等。这使后厨操作流程公开透明，既方便监管部门监督检查，也让师生用餐更安心。

后厨操作流程严谨又繁重，对其进行的有效优化必须建立在不同步骤的基础上。

1．准备工作

后厨准备工作需在开店前几小时完成，某些品类甚至要在前一天做准备工作，包括腌制原料和筹备烹饪工具等。

2．餐前检查

餐前检查，主要是在烹饪前对设施设备的性能进行日常检查，包括检查炉灶、电力设备等。

3．烹饪菜肴

烹饪菜肴由厨师长、炒菜头炉、炒菜炉子等员工齐心协作才能完成，不同级别的后厨人员应根据自身岗位职责进行工作，以提高团队工作效率。表

8.2-1 所示为后厨人员结构。

表8.2-1 后厨人员结构

一级	厨师长					
二级	炒菜头炉	凉菜主管	墩子主管	蒸笼主管	面点主管	荷台主管	洗碗清洁主管
三级	炒菜炉子	凉菜助手	墩子	蒸笼助手	面点助手	荷台	洗碗工
其他	屠宰工						

4．收餐处理

收餐处理包括及时清理用餐后的残渣，更换桌布和餐巾等物品。

5．打扫卫生

营业时间结束后，相关人员负责打扫卫生，并在离开前检查电闸、冷库是否处理好。

8.2.3 如何健全后厨管理制度

健全的后厨管理制度能帮助餐饮店更好地达成经营目标。在制定和执行后厨管理制度时，经营者应明确后厨团队的整体责任，即除了独立完成任务，还要积极协作，使工作成果能相互衔接。

某餐饮店根据后厨岗位特点制定了5套后厨卫生管理制度，分别是炉灶作业卫生管理制度、配菜间卫生管理制度、凉菜间卫生管理制度、点心间卫生管理制度和粗加工间卫生管理制度。尽管各岗位的卫生管理制度不一样，但卫生管理制度全部书面化，并且该餐饮店组织员工学习，使员工在整体上更清楚卫生管理标准。

1．后厨管理与厨政管理的区别

后厨管理与厨政管理的区别体现在以下3个方面。

（1）后厨管理是厨政管理的一部分。

（2）两者的主客体不同，后厨管理的主体是厨师长，客体是其职级下的工作人员。而厨政管理的主体是行政总厨，也叫厨政主管，行政总厨既可来自内部选举，也可来自外部招聘。行政总厨可以为厨师长分担日常管理工作。厨政管理的客体相对宽泛，包括后厨内的所有工作人员。

（3）管理的核心内容不同，后厨管理着重对人进行管理，而厨政管理的管理范围更大，是一种以菜品创新、食品监督为主，成本管控、操作流程管控等为辅的管理。

2．后厨管理制度

后厨管理制度中，基本工作规章制度、菜品出餐管理制度和厨师长考核制度尤其重要。

（1）基本工作规章制度。基本工作规章是为保证工作正常开展而制定的基本工作规则，如按时上班、衣着整齐、不破坏公司设备等。

（2）菜品出餐管理制度。菜品出餐可以采用厨师实名制，以便让对应人员对菜品质量负责，使菜品质量得到保障。餐饮店对厨师烹饪的菜品业绩应奖罚分明，既奖励做出业绩贡献和主动创新的厨师，也要让厨师为不合格的菜品负责。

（3）厨师长考核制度。厨师长是后勤管理的主体，但同样有上级管理者，其上级管理者需要定期考核厨师长的工作绩效，考核内容主要建立在厨师长对后厨人员的管理水准上，例如，厨师长对后勤人员的考勤、工作态度、业绩、卫生工作等工作汇总、评估和管理等工作职责的考核是否清晰得当。

8.3 如何做好人员的培训与管理

餐饮店为顾客提供菜品和服务。餐饮店在提高员工的服务能力、职业素养的同时，也在提高餐饮店的业绩。其中，对服务人员的定期培训和日常管理应主要包括服务培训、话术培训、礼仪培训、收款培训和应急培训等内容。

8.3.1 服务培训，让服务标准化

服务是无形的，如何让顾客在无形的服务中感到舒适，是服务培训应主要解决的问题。

海底捞以服务闻名，每次去海底捞就餐时，服务人员脸上的笑容特别有感染力，使人在用餐中不由自主地感到愉悦。当然，高质量的服务并不完全体现在态度上，海底捞还为顾客提供各种零食、美甲服务，在大型商超内租赁了大面积的特定区域放置座椅，供顾客等候时休息，为有婴幼儿的顾客提供婴儿座椅和哄孩子服务……如果海底捞仅从提供餐饮产品的角度出发，不太可能会设计出如此体贴的服务。

服务标准化有两层含义，首先是提供能让顾客满意的服务，其次是统一服务的形式与内容，让顾客在用餐时不会感到难以适应。图 8.3-1 所示为开展服务培训的方法。

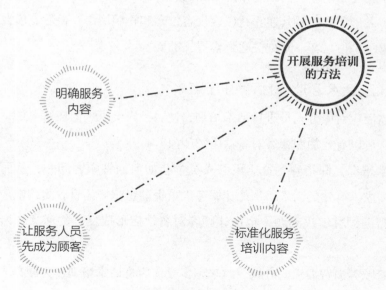

图8.3-1　人员培训与管理的方法

1．明确服务内容

不少餐饮经营者认为服务很简单，表现于形式、表露于神情即可。但服务的本质不限于此，而是真正满足顾客需求，符合顾客的期望。

服务并不局限于提供肉眼所见的产品，服务人员也并非只需单纯地将产品提供给顾客，而是应更多地从顾客需求出发，挖掘他们在用餐时的各种内在需求并加以满足。

2．让服务人员先成为顾客

课堂传授式的服务教学能讲解的内容更多、教学效率更高，但不一定能让服务人员牢记餐饮店的经营理念，也无法迅速提高服务人员的素质。有效的服务培训方式，应能引导服务人员积极体验顾客角色，这样才能让服务人员理解和认同顾客的真实需求。

3．标准化服务培训内容

要标准化服务培训内容，餐饮店首先要以提升服务人员职业素养为基础，而设置系统化培训课程往往能提升服务人员职业素养；其次，要塑造服务人员良好的个人形象，教授其迎宾礼仪、仪容仪态和礼貌用语；最后，应要求服务人员熟记每一位顾客，时刻关注顾客提出的要求。

8.3.2 话术培训，让顾客乐于点单

餐饮店应对服务人员进行话术培训，使服务人员采用简短统一的话语与顾客沟通，可以有效加深顾客对餐饮店的印象。

话术培训，即指导餐饮店服务人员学会如何回答顾客问题，从而主动发现顾客需求。有效的话术培训能让服务人员提前组织好语言，更快响应顾客的需求，帮助顾客解决问题，也能让顾客对餐饮店形成良好的印象，增强消费意愿。

随着顾客消费需求的升级，越来越多餐饮店将话术培训作为服务人员培训的重要一环。

1．餐饮店服务话术模板

表8.3-1所示为餐饮店服务话术模板，可供经营者借鉴学习。

表8.3-1　餐饮店服务话术模板

诉求	话术
投诉反馈类	"您好！先生/女士，谢谢您提醒我们……问题。我们现在就帮您更换，您看这样可以吗？" "谢谢您的包容与谅解，祝您用餐愉快！"
菜品退回类	"您好！先生/女士，我先去厨房看下菜是否做完，如果没做就帮您退了，如果做了，建议您打包带走。"
餐具损坏类	"您好！先生/女士，您没有受伤吧。我们这就给您重新更换一套。"
顾客衣物沾到食物类	"对不起！先生/女士，建议您到洗手间冲洗下……为表达歉意请您收下这瓶饮料。"
要求折扣优惠类	"一看您就是个会过日子的人，近期本店还未推出折扣活动，请您谅解。您经常用餐，这边建议您办理本店的会员卡，持卡可享受8折优惠。"

经营者对模板中的内容不能生搬硬套，而应根据餐饮店的经营理念加以适当调整，体现出自身特色。

2．餐饮店服务话术技巧

服务人员使用餐饮店服务话术时，需要掌握以下4个技巧。

（1）多询问顾客意见。服务人员可以多主动询问顾客的喜好，以便为他们提供合适的用餐建议。

（2）多赞美顾客。服务人员与顾客沟通时要多微笑和赞美顾客，普通的寒暄与闲聊也能让顾客倍感亲切，但前提是要发自真心地赞美顾客。

（3）为顾客提供多种选择。顾客在选餐中感到纠结时，服务人员可以多列举几种不同类别的菜品，并介绍其特点，供顾客选择。

（4）主动照顾老人和儿童。亲情化关怀更容易赢得顾客的信任与好感。

8.3.3　礼仪培训，让顾客如沐春风

服务人员的仪容仪态、礼貌用语，代表着餐饮店的形象和服务宗旨，直接

影响顾客对餐饮店的印象。因此，良好的礼仪是对服务人员的基本要求，礼仪培训也是经营者应加以重视的工作。

礼仪培训师的出现，让人们了解到新的教育培训内容。这类讲师不再只是单纯教授理论知识和技能，而是深入钻研仪容仪态的重要性并普及呈现良好的仪容仪态的方法。

餐饮服务人员的礼仪培训内容主要包括政务礼仪培训、服务礼仪培训、销售礼仪培训、形象礼仪培训、国际礼仪培训等。不少大型餐饮企业和酒店企业会招聘专业礼仪培训师，以定期对服务人员进行礼仪培训。

礼仪培训可分为仪容仪表培训和礼貌用语培训，培训对象包括店长、收银员、服务员、迎宾员、传菜员、保洁员和安保员。不同对象所接受的培训内容有所差异。经营者在安排礼仪培训时，应对这些差异有所了解。

1. 仪容仪态培训

仪容仪态主要体现为服务人员的外形展示和身体语言，餐饮店对服务人员的仪容仪态有以下4点要求。

（1）着装得体，穿戴整齐。

（2）恰当修饰面容，修剪指甲，擦亮皮鞋。

（3）挺直腰背，端正走姿与站姿。

（4）做好表情管理，微笑待客。

2. 礼貌用语培训

礼貌用语培训与服务话术培训有显著区别。

礼貌用语培训重点针对基本服务中的话语。礼貌用语培训重视手势与话术的协调，使用不同手势搭配话术能增强表达效果。服务话术培训主要针对帮顾客解决问题的话术。

8.3.4 收款培训，让顾客成为回头客

"收款培训"又称为"收银培训"，是针对收银员岗位制定的培训方案。这类培训的目的在于培养收银员协助顾客付款的能力，并使收银员充分熟悉岗位职责。

收银员有专职收银员和非专职收银员两种，前者由财务部管理，后者由餐饮部管理。

餐饮收银工作流程主要分为五大步骤，即班前准备——工作交接——开台、入账、打单、结账——核对账单——提交财务部审核，经营者应围绕这些步骤逐步分解、进行培训。

付款是顾客离开餐饮店前的最后服务体验，对其用餐服务评价有重要影响。顾客对付款过程体验较好时，其对餐饮店的满意度就会较高，也更有可能再次消费，成为忠诚顾客。

对收银员进行培训的重点内容如下。

收银员岗位职责主要有以下几点。

（1）服从领班管理，为顾客提供一流的标准化服务。

（2）掌握现金支付、支票支付、信用卡支付等支付方式。

（3）维护电脑、POS机、打印机等办公设备。

（4）核对每天的营业收入，及票据和账单等材料数据。

8.3.5 应急培训，让员工正确应对突发状况

应急培训是餐饮店内包括服务人员、后厨人员、食品安全专员和管理人员等在内的整个团队都需重视、学习的培训模块。餐饮店应主动响应监管部门的监管要求，定期更新应急安全保障方案。

2006年，北京福寿螺事件引发了众多餐饮店对应急方案的重视。该事件

是由于餐饮店对菜品的热加工不彻底，导致寄生在福寿螺体内的寄生虫未能杀灭，最终引起食物中毒事件。由于福寿螺事件未能得到应急处理，致使138人发病，60人住院治疗，相关行业和品类的餐饮店业绩与声誉与受到极大影响。

应急培训与公众安全及餐饮店的发展息息相关，餐饮店应予以重视。

1．界定突发状况

应急培训的目的在于培养员工应对突发状况的能力，餐饮店常见的突发状况包括食物中毒事件等，具体原因有进货不严谨、原料储藏不当、加工不彻底等。若遇到食品中毒事件，餐饮店管理团队应立即界定突发状况的严重程度，向上级和政府部门报告，停止相关生产活动，对中毒人员实行应急管理，保护好现场，协助相关人员调查。

2．制定突发状况应急预案

除了食品安全问题外，餐饮店还面临其他突发状况，相关应急培训需要围绕应急预案开展。表8.3-2所示为餐饮店突发状况应急预案。

表8.3-2　餐饮店突发状况应急预案

突发状况	应急预案
顾客逃单类	迅速大声呼喊顾客，将账单告诉顾客，并表示是由于自己的原因导致顾客无法及时支付，为耽误顾客时间道歉。切忌指责顾客，否则容易引起各类矛盾和不良冲突
停电、停水类	保持淡定，不轻易离开岗位。告知工程部断电情况，督促其尽快恢复电源供给。同时点亮蜡烛、备用灯，安慰顾客不用焦躁等
顾客不结账类	餐饮店员工应主动沟通，提出顾客要求的不合理之处。等待顾客平静后，让经理级别的管理人员上前谈判

培训过程中，经营者应利用餐饮店实地环境，进行情景模拟，以培养员工缜密思考、耐心处理的态度和能力。

8.4 如何合理设置考核

合理的考核能有效提升员工工作动力，餐饮店应积极细化考核流程、明确考核目的、制定考核标准，同时实行股权激励措施，与员工及时高效沟通，提高餐饮店士气。

8.4.1 考核流程，让考核有据可依

绩效考核是餐饮店的管理基础，是授权和激励员工的现实依据。考核流程应形成书面管理制度，确保考核工作的正规化、长期化，促使餐饮店做大做强。

某餐饮店开业一个月后，门店经理发现员工工作效率低、工作态度不积极，甚至出现集体"摸鱼"的现象。为解决问题，门店经理向餐饮管理公司寻求帮助，花了大力气制定了一套考核制度。该店将考核流程分为两条线，第一条是常规考核，第二条是机动任务考核。其中，机动任务是根据工作环境变化的，由上级领导或相关部门直接决定。实施该考核制度一段时间后，餐饮店工作效率成倍提升，员工工作满意度更高。

考核流程应按照考核进度表逐渐推进，餐饮店应预先确定每个考核环节的周期、内容、形式、结果公示方式等，其要点如下。

1．理清关系

经营者在制定考核制度前，必须理清考核、绩效管理与经营目标的关系。

经营目标是整个餐饮店经营追求的最终结果，绩效管理是达成经营目标的手段，考核是绩效管理的工具。经营者只有理清三者之间的关系，才能知道考

核的具体做法、考核流程有哪些、对于不同职级和岗位的员工应分别采用什么考核指标等。

2. 考核流程

餐饮店的考核流程通常分成以下 7 个步骤。

（1）人力资源部门 / 行政部门制定考核方案，确定考核指标与权重。

（2）员工自行评价个人表现，上级领导点评下级员工。

（3）上级领导统计员工出勤数据、目标完成情况等。

（4）上级领导约谈下级员工，确定考核结果。

（5）人力资源管理部门编制并公示考核结果。

（6）考核专员为部门主管提供考核反馈。

（7）部门主管约谈下级员工，提出改善方法并为其制订新的个人发展计划。

8.4.2 考核目的，要能正向引导员工

管理学派中有一种观点认为：管理就是让团队共同帮助管理者做事。在这种思想体系内，考核与古代"论功行赏"的意义较为接近。

自 20 世纪 70 年代起，考核作为人力资源管理中的绩效管理工具重新出现在大众视野。在餐饮店经营实践中，考核是对比员工现有工作成果与部门目标的差距，在差距中分析员工表现好或坏的原因，以此引导员工为实现餐饮店的经营目标而奋斗。

四道菜餐饮公司为提高员工工作效率与质量，针对分店前厅经理和服务人员，制定了一套完整的绩效考核方案。相关管理人员表示，制定绩效考核方案的目的有以下 4 点。

第一，考核有利于分解门店经营目标，这些目标被拆解成员工的年度、月度工作计划，甚至可以精细到日工作计划。

第二，考核有利于促进上下级管理沟通和部门协作，便于信息在内部流畅

传递。

第三，考核有利于调动员工的积极性和创造力，显著提高餐饮店服务水平和能力，提高顾客满意度。

第四，考核有利于促进员工努力提升自我职业素养和技能，能提高餐饮店竞争力。

餐饮店制定考核制度、实施考核方案的根本目的都是正向引导员工工作，最终达成餐饮店的经营目标。

1．考核的目标

考核是完成目标的必要路径，因此，考核应以实现经营目标为重，绝不能流于形式。

现代企业利用绩效管理达成经营目标时，常用目标管理法和OKR管理方法。餐饮店常用的是目标管理法，即由高层制定年度经营目标，将其拆分成部门目标，再由部门负责人将其拆分成个人目标，以此按层级向下完成工作考核。

2．考核要有量化依据

考核不能变成对员工打印象分，而是要根据每个岗位所特有的业绩指标进行评估，具备一定的量化依据，进行科学、精准、完善的评分，以得出考核结果。

3．考核要助力员工发展

员工是完成工作任务、实现经营目标的主体，餐饮店应关注员工的个人发展。实践中，很多餐饮店习惯片面运用惩罚等负强化方法管理员工，这在很大程度上加剧了员工流失。当员工与上级对考核的想法普遍不相同时，员工很容易对考核产生反感情绪。鉴于此，餐饮店只有站在员工角度，为员工的未来发展提供积极助力，才有利于上下级齐心协力达成一致目标。

8.4.3 考核标准，要适量适度

考核标准是考核者对员工一段时间内工作表现的评定指标和标准化评分项。考核标准适量适度，有利于充分评定员工表现，提高团队工作效率。

某餐饮店为调动员工工作积极性，制定了新的考核标准，并将考核结果作为其薪酬和评级的依据。

新的考核标准主要考察员工在以下 6 个方面的业绩表现，即顾客满意度、安全管理、遵守制度、情绪管理、团队协作、业务技能。所有员工的成绩按 6 个指标的总成绩排序，以评选不同级别员工，并确定其月度薪酬区间。

考核标准大多针对常规考核，并在考核开始之前就已形成。为机动任务考核单独制定考核标准需要花费较长时间、考核时间较长、投入精力较多，通常不建议餐饮店为短期工作制定考核标准。

不同职级与岗位的员工，其考核指标并不相同。考核指标必须根据实际情况适度适量设定。表 8.4-1 所示为餐饮店各岗位考核指标。

表8.4-1　餐饮店各岗位考核指标

岗位	考核指标
餐饮部经理	门店营业收入、利润、服务质量等
厨师长	员工出勤、员工业绩、员工流失、食品安全管理、设施损耗、顾客数量、直接上级评价等
服务人员	顾客满意度、顾客投诉次数、仪容仪态、直接上级评价等
后厨人员	出餐速度、出餐质量、顾客满意度、成本管理、安全检查、卫生管理、直接上级评价等

设定了考核指标后，餐饮店不能立刻将其用于考核，而是要向全体员工公示，并欢迎他们提出建议和意见，根据其中合理的部分进行适当调整，形成真正公平、客观、科学的考核指标。

8.4.4 股权激励，让优秀员工心有所属

股权激励是让重要员工享受餐饮店经营红利的激励手段。使用股权激励，能激励老员工不断创新、深耕本店本岗领域，也能让新员工产生归属感，并拥有现实利益驱动下的进步愿望。

通常而言，餐饮店实施股权激励的形式有员工持股、管理层持股、股票认购和管理层收购等 4 种。

某餐饮集团使用股权激励方法经营多家门店，在门店的股权分配上，员工与其他股东各持有门店 50% 的股权。虽然餐饮集团未持有门店的股权，但由于其对门店投入管理与授予品牌经营权，所以可以在不出资的情况下控制门店。

股权激励能有效促进团队凝聚力的形成，提高餐饮店经营业绩，但其缺点在于操作程序多、难度高，效果也难以保证。

股权激励的最大优势体现在让员工成为利益共同体，避免门店店长、厨师长等人出于自身利益，而盲目追求提升短期盈利数据，损害股东利益，使其转而主动为餐饮企业的长期发展考虑。

股权激励并非灵丹妙药。实施股权激励需要合理设置股权数量、类型、考核机制、分配机制、退出机制，其操作流程较为复杂，且股权的预留容易影响经营者的投融资计划。而当与股权激励相关的业绩考核要求太低时，员工甚至不用做出什么努力就能享受经营所得，反而会让员工失去工作动力。

我们要知道，股权激励并非上市公司专有，普通企业也可以实施。

股东为使员工为实现企业目标而积极奋斗，可以通过法定程序使员工进入企业权益队伍，员工能由此获得合伙收益和工作收入两份收入。

8.4.5 高效沟通，让上下一条心

在餐饮行业，沟通无处不在，服务人员和顾客沟通时有专用话术，管理者

与员工沟通时也具备行之有效的方法论。高效沟通有利于内外部信息传递，是形成团队凝聚力的必要措施。

某餐饮店将内部沟通分成3类，分别是绩效评估、座谈会和沟通日。

沟通日当天，每位员工可以在会议上畅所欲言，表达自己对餐饮店管理及日常运营中的建议与意见，由相关人员记录下来并确定修正方案。沟通日的设立，充分培养了员工的主人翁意识，让他们不断为餐饮店的发展献计献策，从而使餐饮店变得更好。

经营者清楚与顾客沟通的重要性，并希望员工能同样重视。为此，经营者需要对员工设置统一话术并予以培训。但经营者往往忽视了内部沟通的重要性。事实上，员工会受经营者的沟通方式的影响，并对顾客产生同样的影响。

1．沟通的双向性

在与员工的沟通中，经营者不应忽视听取员工反馈，避免简单地传递对员工的要求。发号施令并不属于沟通，而是在由上到下地单向传递信息。

在正确的沟通体制下，经营者对重要信息进行"编码"，选择某种媒介/渠道将信息传递给员工。员工接收到信息后，再以自己的理解对信息进行"解码"，并将自己的理解反馈给经营者，由此形成双方对行动的共识。图8.4-1所示为简要沟通流程图。

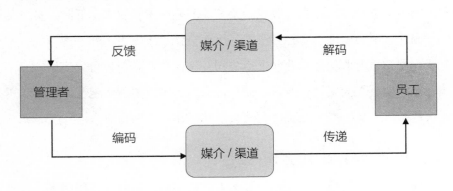

图8.4-1　简要沟通流程图

经营者只有牢记沟通的双向性，才能避免进行自以为有用实则低效的沟通，并能避免信息屏障的出现。

2．沟通应重在日常

经营者固然繁忙，但千万不要只在出现问题的时候和员工沟通。此时的沟通很难被员工心平气和地接受。

经营者应积极发现和寻找员工在日常工作中的优秀表现，向他们表示肯定和欣赏。经过一段时间的日常沟通后，员工会对自身产生新的认识，对经营者也会更加亲近，从而愿意听从经营者的建议和指示。此时，经营者的沟通影响力得以建立，"一句话改变一个人"的高效沟通将更容易实现。

第 9 章

餐饮安全管理：如何营造安全的餐饮环境

　　餐饮行业的安全管理直接影响着顾客的生命健康。餐饮店的安全管理工作必须确保严谨、细致、全面，时刻不可松懈。本章将介绍餐饮店安全管理方面的内容，使餐饮店牢固守住健康之门。

9.1 餐饮店人员安全管理

只有严格的管理才能真正规范员工的行为。餐饮从业人员必须经过健康检查取得健康合格证，并经过系统的安全知识培训后才能上岗。

9.1.1 餐饮店服务人员的健康管理

学习和遵照食品安全的相关法律法规，应是餐饮店服务人员上岗的基础。根据《食品安全法》，餐饮从业人员需要每年至少进行一次全面健康检查，且接受临时健康抽查，确认健康后，方可持证上岗。

1．健康管理

如有服务人员患有妨碍食品安全的相关疾病（如发热、皮肤伤口感染、腹泻等），应当立刻脱岗，到医院排除妨碍食品安全的疾病，或相关疾病痊愈后，再重回岗位。患有疟疾、病毒性肝炎、渗出性皮肤病等疾病的服务人员禁止从事需要接触直接入口食物的工作。

2．良好职业习惯

服务人员应当保持良好的个人卫生习惯，不留长指甲，经常换洗工作服，并佩戴工作帽防止头发或头皮屑掉入菜品中。需要接触直接入口食物的服务人员应经常洗手。

长春市一面馆中，有顾客投诉服务人员一直咳嗽。顾客表示，带孩子吃饭最在意食品安全，服务员一直咳嗽还在上班，担忧其有传染性疾病。顾客抱怨道："尤其在店内很忙时，服务人员咳嗽时会用手捂住，但没有时间洗手，直接就去端菜了。"

服务人员在从事可能会影响手部卫生的活动后应当立刻洗手。例如，在使用厕所后、处理生食后、处理过排污设备或者废弃物后，或者咳嗽时用手捂嘴后，都应当立刻洗手，保护顾客的健康。

另外，服务人员也不应当将私人物品带入食品加工区域，同样不允许在食品加工区域用餐、吸烟或者从事其他可能对食物造成污染的活动。

9.1.2 餐饮店后厨人员的健康管理

后厨人员为餐饮店的核心生产单位，其健康管理涉及环境卫生管理、生产过程卫生管理、厨具管理、个人卫生管理等方面，如图 9.1-1 所示。

图9.1-1 后厨人员健康管理的4个方面

1．环境卫生管理

后厨环境卫生包括后厨的室内空间卫生及设备内部空间卫生。餐饮店应建立责任制，并将不同环节的责任分配给不同的后厨人员。后厨人员应当确保后厨环境符合餐饮店所制定的卫生标准，保质保量地完成清洁工作。

2．生产过程卫生管理

菜品生产过程中，后厨人员应时刻关注原料的状态，确保原料干净、安全、未曾被污染并始终放置于清洁环境中。

生料与熟料分开放置，处理生料与熟料的工具也分开使用、摆放，避免交叉污染。在烹饪过程中，后厨人员应注意充分加热以杀死细菌。

后厨人员应养成良好的卫生习惯，并融入日常工作中的方方面面，从而建立起完整的生产安全意识。

3. 厨具管理

后厨的用具应当充分清洁且消毒，并放置于无菌环境内。在取用、清洁、消毒过程中，后厨人员也应对手部充分消毒。

4. 个人卫生管理

后厨人员应当取得相应的健康证明，且经过完整的健康安全培训后上岗。如后厨人员患有传染性疾病，则不可再从事接触直接入口食品的工作。

9.2 餐饮店食品安全管理

从微观上看，食品安全管理的疏漏会使顾客面临健康风险，会对经营者造成经济损失。从宏观上看，餐饮店对食品安全的管理将影响整个行业的生态成长。

9.2.1 如何预防食物中毒

食物中毒有两个常见的形成链路，即食材品质隐患或食品加工污染。后者还可以分为加工隐患、保存隐患和交叉污染隐患。

1. 食材品质隐患

食材的新鲜是餐饮安全的重要保证因素。餐饮店应选择有资质的供应商，在交易完成后保留供应商及交易过程中的各种证据，形成食材溯源机制。

餐饮店在准备食材时应适量采购，烹饪前如发现食材变质应立刻废弃食材，切勿为节省成本而增加食品安全风险。

王某经营着一家新疆炒米粉店，采购时供应商告诉他近期米粉存货较多，购买数量多有优惠。王某便购买了超过往常备货量的米粉。梅雨时节，当地闷热潮湿，部分米粉变质，王某只好忍痛将变质的米粉废弃，以免造成食品安全事故。

2. 加工隐患

食品加工时长或温度不足是常见的食品污染原因。

鸡蛋在加工时长不足的情况下，可能导致鸡蛋中仍旧含有沙门氏菌，中毒者会有呕吐等肠胃不适症状。

在综艺节目《向往的生活》中，宋丹丹由于食用未被煮熟的四季豆而中毒，在节目录制过程中出现呕吐、发烧等症状，这是食物加工时长不足导致中毒的典型案例。

不同食材需要采用不同温度进行加工，隔夜菜品或者冷藏菜品需要充分加热才能杀死有害细菌，以确保顾客用餐安全。餐饮店需要对菜品样本进行保留，如发生食品安全事故，方便监管部门取证复查。

3. 保存隐患

新鲜食材在不适当的温度、湿度中，容易滋生细菌导致腐败变质。变质食材通常表现为变色、有异味、有黏液等，食用后易中毒。

生食性动物产品更容易发生不安全事故，主要原因为微生物菌群数量超过国家安全标准。此类食材保存环境的温度是核心控制因素。餐饮店后厨应针对不同食材对保存温度、湿度进行精准设定，对食材开封后的可制作、可食用时间加以严格管制，以防范因保存不慎导致食品安全风险。

4. 交叉污染隐患

交叉污染即在食品加工、运输或者储藏过程中，不同原料或原料与产品（如包材、餐具）相互接触而导致相互污染。

某日料店发生过集体食物中毒事件。厨师未对切三文鱼的刀具进行彻底消毒，刀具上残留的沙门氏菌污染了三文鱼，导致食用过三文鱼刺身的顾客产生肠胃不适等中毒反应。

食物与包材接触也可能导致污染，餐饮店应从具有资质的供货商处购买包材，且应当索要并且保存相应票据。此外，对于用于加工食物的餐具、设备等，餐饮店也应配备消毒柜以彻底消毒。

为预防食物中毒，餐饮店还应配合监管部门抽检，如抽检不合格，应积极整改，减少潜在隐患。

9.2.2 如何预防食物过敏

食物过敏通常为某种食品或者添加剂引起的身体免疫反应。餐饮店需要对员工进行系统的食物过敏知识培训，内容应包括过敏反应的临床症状、常见的食品变应原、食物过敏事故发生后的紧急处理方法等。

要想尽量避免食物过敏事故，餐饮店应确保员工熟悉常见且会诱发较严重的过敏反应的变应原。

根据《默沙东诊疗手册》，导致过敏的食物主要有坚果类、贝类鱼、蛋、小麦和大豆，花生则是常见的坚果类变应原。

食物过敏预防主要有 3 个措施，即采购控制、储存加工和品质检验，如图 9.2-1 所示。

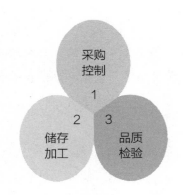

图9.2-1　食物过敏预防的3个措施

1．采购控制

餐饮店采购时，应明确采购物品中是否含有已知变应原。针对原料的外包装所标明的成分，采购人员应当进行核对，如果出现变应原，则要及时标注。

某西餐店将巧克力冰激凌作为餐后甜点，管理者明确向采购人员说明巧克力冰激凌中不应含有任何坚果。采购人员采购时，会在验货过程中对冰激凌进行抽样检测，确保供货商没有错误出货的现象。

采购环节中，采购人员应特别注意对不同原料的分离，避免运送过程中造成的交叉混装。

2．储存加工

含有变应原的原料应与其他原料隔离存储并做好标签警示。

郑某经营着一家甜品店，将花生粉撒在冰激凌上是该店顾客非常流行的吃法。该甜品店内，各种冰激凌与各类配料（糖霜、饼干碎、花生粉等）摆在同一个平台上，中间由竖立挡板进行分隔。某日挡板被意外撞倒且未被及时发现。员工在为冰激凌加料的过程中，将花生粉洒落至冰激凌桶中，造成食物过敏事故。

除分隔存放外，一旦储物容器中含有变应原，如果不能确保该容器为单原料专用，工作人员就应对储物容器进行充分的清洗。

3．品质检验

餐饮店在日常经营中，应对原料以及包装材料进行常规检查与分类标识，定期对员工进行强化培训。在食品加工过程中，经营者应做好监督工作，避免食材的交叉污染，在日常管理中，应将防范食物过敏概念在员工群体中普及。

餐饮店还应对食物含有变应原的情况进行及时醒目的公示。这样即使最终出现食物过敏事故，餐饮店也会因为尽到提示义务而被免于追责。

9.2.3　餐饮店病媒生物防治

病媒生物是指能直接或者间接传播人类疾病的生物，如老鼠、蟑螂、蝇以及蚤、虱等。

1．环境清洁

餐饮店的"四害"防治区域可分为就餐区和后厨，后厨是防治病媒生物的重点区域。保持环境整洁对病媒生物防治大有益处，餐饮店应重点从硬件设施及环境清理两方面采取措施。

在硬件设施方面，餐饮店应选择较硬的室内外地面材料以确保室内墙壁、储物箱具、地脚线等密闭无缝隙。员工在使用各种柜子（如食品柜、餐具柜、更衣柜等）时，应检查其关闭后是否密闭无缝隙。餐饮店中不应使用木质货架或木质储物柜，而应使用不锈钢或者玻璃材质的柜子，避免产生虫洞等。

环境清理需要餐饮店人员花费较多时间和精力，保证室内空间整洁且杂物未随意堆放。餐饮经营者应对工作人员加强监督，每日生成的垃圾应做到当天密封和清运。对存放垃圾的容器应保证每日清洗，避免残存污垢招来蝇虫。下水道应保持通畅，避免地面或者下水道有残留食物滋生细菌，进而污染食材或者招引病媒生物。

食物应放入专门区域存储，离地离墙存放，避免加工台或者后厨加工食品位置有食物残存，从而招引病媒生物。

2．防护措施

餐饮店病媒生物防护措施如下。

（1）防鼠。餐饮店应在室内外下水道、通风管道、中央空调、窗户等区域加设防鼠网。室内外相连接的门窗下部应使用铁皮包裹隔离，铁皮高度不应低于30厘米，门窗与墙体之间的缝隙不超过6毫米。对于存放食物的仓库，其房门口应当设立挡鼠板，且挡鼠板高度不应低于60厘米。室外可以设置毒鼠的站点，站点间距可保持为10~20米。

（2）防蝇。餐饮店应配备适当数量的灭蝇灯，也可加装胶帘，安装纱门、纱窗，防止苍蝇进入室内。

（3）防蟑螂。餐饮店应检查入库食品的外包装是否破损。如有破损，则检查破损处是否存在蟑螂或者卵鞘，以免外部病媒生物进入室内。

3．灭杀措施

餐饮店病媒生物灭杀措施如下。

（1）灭鼠。餐饮店可在外部毒鼠站点投放抗凝血杀鼠剂，进行鼠类灭杀；在食品库房、后厨等室内区域，可使用鼠笼、粘鼠板等灭鼠器械。使用药剂类灭鼠剂时，应避免污染食品以及食品加工区域。

（2）灭蟑螂。灭蟑螂较灭鼠更困难。餐饮店应每月使用粘蟑纸对食品加工区域、食品库房等重点区域进行检测，及时发现蟑螂踪迹并加以灭杀。若餐饮店发现有少量蟑螂出没，可在重点区域使用灭蟑胶饵等进行灭杀。若发现大量蟑螂，则使用氯氰菊酯等流滞性喷雾进行蟑螂灭杀。使用药物进行灭蟑螂之前，需提前移出食品，避免污染。针对下水管道或者其他无法密封的管道，应当经常使用烟雾熏杀方式进行蟑螂灭杀。

（3）灭蚊蝇。水体有利于蚊子生长，餐饮店内外如摆放水缸或有无法清理的积水，可以在水缸中养观赏鱼，或采用可灭杀蚊子幼虫的药剂进行防治。

针对蚊子和苍蝇，可以经常使用电蚊拍、诱蝇笼等进行灭杀。

9.3 餐饮店厨房安全管理

安全的厨房环境需要满足软硬件设施齐全完备、从业人员培训管理完善、食材品质把控合理等各种条件。而这一切都离不开经营者对厨房安全管理的充分重视和深入思考。

9.3.1 火灾预防

厨房是用火之地，是公共火灾的重点防范区。

1. 火灾发生原因

厨房火灾发生原因可以分为以下几大类。

（1）燃料多。大多数餐饮店厨房均使用明火生产，除了日常使用的煤气或天然气外，做烧烤菜式时会使用煤炭，做西餐时会使用喷火枪。以上燃料和工具，一旦操作不当，非常容易引发火灾，甚至会引发爆炸。

（2）油烟。厨房常年使用煤炭、气类燃料进行作业。燃料燃烧过程中，油气蒸发所产生的油烟物容易附着在各类物具表面，如果缺乏清理就会累积成厚厚的可燃物油层，为火灾的发生大开方便之门。

（3）电路布置有隐患。餐饮店厨房有大量电气设备，单位面积内的电线比普通区域更为密集。若餐饮店排线错乱，则容易电路虚接，造成火灾。

2. 预防火灾的基本对策

餐饮店厨房预防火灾的基本对策如下。

（1）餐饮店应针对用火安全、消防安全制定预案，形成书面化的餐饮店内部消防安全管理制度，并定期对员工进行培训。

（2）柴油闪点较低，且容易积累可燃物油层。为此，餐饮店应减少使用柴油作为燃料。如果餐饮店处于高层建筑中，应主动禁用瓶装液化气。燃气管道也应绕过公共区域从室外单独引入。

（3）厨房的灶具应使用阻燃材料，并与可燃物保持安全距离。经营者应定期检查厨房中的燃气、燃油管道，燃气阀门等，防止煤气泄漏。一旦发现煤气泄漏，应立刻关闭阀门并且及时通风，室内禁止明火或者启动电源，以免引起爆炸。

（4）厨房应使用封闭式的电器开关与插座，防止水渗入插座等，引起漏电。电器开关与插座等物品应安装在远离灶具的地方，避免开电火花引燃气体燃料。厨房内大型用电设备较多，经营者应时刻监控各类用电设备是否超负荷用电，且定期检查电器设备以及线路是否受潮。

（5）厨房整体墙面、抽油烟机罩、大型设备的表面容易积累油污，应每日清洗，油烟管道内部则应定时清洗。

（6）厨房应常备各类灭火设备。例如，准备石棉毯用于扑灭油锅着火，配备干粉灭火器以备紧急所需。

餐饮店如若不幸发生火灾，员工应立刻报警并疏散顾客，积极自救。最好的方式当然还是从日常做起，积极防范火灾，这样危机出现的概率会大大降低。

9.3.2 厨房内讧，要防止安全问题

厨房工作压力大、人员多，难免会产生矛盾。餐饮店应保证团队合作稳定、气氛融洽，避免员工内讧导致重大损失。

某餐饮店厨师长与面点师傅发生矛盾。面点师傅在食材中加入盐水和碱水，导致食材全部废弃造成损失。事后，面点师傅在调查中表示，是想借此事让餐饮店管理者批评厨师长。

厨房人员成分复杂，不易管理。餐饮店在招聘时，除了考察候选人的职业

技能，也要对其行事作风、行业口碑等加以深入了解。此外，餐饮界较常见的招聘方式是"人缘招聘"，即由内部员工介绍朋友加入。这种招聘方式有一定积极意义，如招聘成本低等，但其劣势在于厨房会形成不同的小团体，不利于整体管理。鉴于此，餐饮店在招聘的时候不应过于追求低成本，而要主动丰富招聘方式。此外，餐饮店还可以利用共同利益，将员工紧密捆绑。

梁某经营着一家云南餐饮店，他在厨房采用小组制，即同一菜品的打荷、砧板、配菜、粗加工等工序均由小组成员分工进行，小组整体出菜。出菜的数量、质量、速度、顾客反馈等都会影响小组成员的绩效奖金。如果小组成员贡献不佳或合作性不强，就很可能影响整个小组的绩效奖金。

采用该管理方式后，厨房整体气氛和谐。为防止小组形成小团体，梁某还不定期拆开小组重新分组，以加强不同人员之间的相互合作能力。

为了确保厨房人员和谐相处，餐饮店还可以多多开展集体活动，通过集体活动的方式加深厨房人员之间的互动与合作，促使厨房人员在团队协作中增进交流。

9.3.3 厨房安全管理

厨房安全与餐饮店发展息息相关，经营者应带动所有员工，营造安全和谐的共事环境。

1. 行为习惯

员工应养成安全的行为习惯。例如，厨房内部危险众多，员工在厨房不得追逐打闹，即便在繁忙时仍应保持镇定。厨房应禁止吸烟，禁止有毒品及易爆品的存放。每日工作结束后，餐饮店应安排专人负责检查厨房内部油、电、燃气的开关是否关闭，避免发生火灾。针对复杂的大型设备，餐饮店应对员工进行培训，避免因使用不当导致员工伤亡。

2．设备检查

对于厨房设备，员工应安全操作、经常检查。例如，员工应通过外观检查、声音聆听和试机等方式检验机器是否正常运转、是否存在潜在安全隐患。

3．食品检查

餐饮店应以保证顾客生命安全为目标设立食品检查制度，包括严禁使用外包装破损的食品、在杀虫灭鼠时保护食品的安全、避免冷冻食品外置而导致食物质量下降等措施。

9.3.4 厨房卫生管理

餐饮店的卫生管理主要针对厨房整体以及不同分工区。图 9.3–1 所示为厨房卫生管理的内容。

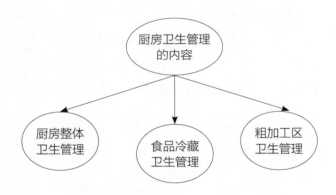

图9.3–1　厨房卫生管理的内容

1．厨房整体卫生管理

厨房实行责任制，每位员工有明确的区域安全职责。每位员工的清理任务应实行表格化记录，作为制度运行。每位员工所负责的区域必须保持清洁，厨房不应有无人照顾的卫生死角。

厨房空间应按"生进熟出"的完整操作流程布局，各功能区域划分清晰。菜品生产区域、餐具清洁消杀区域、垃圾废物清运区域应泾渭分明，互不干扰。这样既能避免功能区域间的交叉污染，又能提高加工效率。

某大学食堂区分为四大区域，餐具清洁区、食品粗加工区、菜品制成区和垃圾清运区。学生用餐结束后自行将餐具送入餐具清洁区，由工作人员进行清洁。经过完整消杀的餐具送入用餐区的餐具柜，由学生自行取用。用于烹饪食物的厨具则由工作人员送入食品粗加工区。此外，为了方便食材的加工，食品粗加工区周围布满厨具货架，由厨师自行取用厨具。经过粗加工后的食品送至对外展示的菜品制成区，以便学生看清菜品制作过程且清楚菜品中是否有变应原，最终由学生自行配菜。垃圾清运区则在厨房外，远离厨房以保持卫生。上述区域互不干扰，功能清晰。

2．食品冷藏卫生管理

食品应当分类储藏，原料、半成品、生食、熟食等严格分区存放。仓储室的冰箱、冰柜需由专人检查，保持其处于柜内霜薄、冷气充足的状态。冰箱、冰柜内部应经常清理，确保无污物、无积水、无异味。餐饮店还应定期对储存食品进行检查，避免出现过期食品。

食品储藏应遵循"先进先出"原则，已变质食品切忌放入冰箱储藏。通常来讲，当天需要使用的食品应放进冰箱，存放时间不得超过 24 小时。如需要储存超过 24 小时的食品应当放进冰柜，且将可储存时间标记在食品上，避免超期存储引发食品安全事故。

3．粗加工区卫生管理

厨师应在对食品进行粗加工前检查食品状态，重点判断其是否发生变质腐败或者性质反常。在处理食品的过程中，应及时清理、分类存放。将肉、菜与水果分区处理，避免交叉污染。加工完成后，还要将加工台、厨用工具、水池与地面等全部清洗干净。

冷菜区工作人员上岗前，应完成两次更衣，禁止佩戴首饰和留长指甲。

冷菜间除了处理食品所必需的工具，其余物品不得进入，且生食与熟食分砧切配。

9.3.5 厨房废弃物处置

《食品安全法》中针对厨房废弃物的处置有相关规定，餐饮店应认真履行食品安全直接责任人职责，遵守相关法律法规。

根据法律要求，餐饮店应设置油水分离器、隔油池及密闭的废弃物容器。直接将废弃物排入下水道、公共厕所或其他生活垃圾收集区域是法律禁止的行为。

厨余垃圾的处理需要经过严格分类，不同厨余垃圾的处理方式不同。例如，食品进行粗加工后产生的垃圾（如菜的根茎叶、动物内脏等）要按照生活垃圾进行处理。餐饮店需将此类垃圾倒入垃圾桶后运往垃圾站，由环卫工人进行后续处理。

厨余垃圾存放区域应与餐饮店其余区域进行隔离，避免污染。泔水类垃圾（顾客剩下的饭菜汤、食物残渣、锅底以及菜品留样）应倒入专门的泔水桶，由养殖户回收利用。废弃食用油脂则需要用专门的密闭容器进行存放，且容器上以"废弃油脂专用"等文字标示。餐饮店严禁出售废弃食用油脂给餐饮单位或食品加工单位。

武汉市在 2021 年 11 月举办市民学习厨余垃圾处理的活动，活动中由餐饮店人员向市民介绍厨余垃圾的分类与处理方法。餐饮店人员介绍，他们在处理厨余垃圾过程中需要严格对垃圾分类，使用三相分离器对油、渣进行分类处理。收集好的厨余垃圾由专人运送到收运站，后续由武汉市城管局工作人员进行收运。

厨余垃圾的处理并非人人皆可，通过相关部门许可备案的单位和个人才有资格对厨余垃圾进行收运和处理。餐饮店在与这类厨余垃圾处理的单位和个人签订收购合同时，需向对方索要其经营资质证明文件，并对相关证件进行复印留存。同理，对于泔水类垃圾的处理，餐饮店也应当与养殖户签订回收协议，并在合同中明确注明泔水类垃圾只用作养殖，不可另作他用。

9.4 餐饮店财务安全管理

除了卫生安全方面的管理，餐饮店也需对内部财务安全进行管理。

9.4.1 制定措施，严防盗窃

餐饮店应制定措施、开展培训，辅助员工防范外部盗窃，同时杜绝员工监守自盗。图 9.4-1 所示为餐饮店防盗措施。

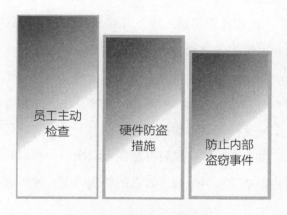

图9.4-1 餐饮店防盗措施

1. 员工主动检查

餐饮店可以采取的防范外部盗窃的措施较多，例如早晨首位到达餐饮店的员工应负责检查门窗是否损毁、巡视餐饮店周围是否有可疑情况等。未到餐饮店营业时间，不允许员工以外的人进入餐饮店。

餐饮店打烊后，员工应对餐饮店整体环境加以检查，包括是否有外部人员潜入餐饮店，是否有客人滞留等。员工离开前，应关闭所有门窗，确保其固定良好。员工离店时，最好结伴，避免发生危险事故。

2．硬件防盗措施

餐饮店硬件设备繁多，应做好防盗管理。

（1）店内外充足的灯光可以吓阻犯罪分子。餐饮店营业时，员工可打开用餐区的全部灯具，并及时更换损坏灯具。天黑后，员工应及时打开屋顶招牌灯以及室外灯具，还可以安装照耀走廊、前后门和外部景观的射灯，避免留下视觉盲区，给犯罪分子可乘之机。

（2）严格控制餐饮店钥匙的数量，将持有人范围缩小至经理、店长、晨检员工及打烊值班员工。如果发生钥匙丢失的情况，应立刻汇报并更换锁具。

（3）后门加装猫眼、摄像头，或者安装员工刷卡设备，最好不设置门把手等类似部件。

（4）安排员工检查建筑物前后或室外垃圾场是否有人藏匿。餐饮店附近如有庭院，需要防范植物过于茂盛而影响视野。

3．防止内部盗窃事件

餐饮店人多事杂，员工素质参差不齐，很容易发生内部盗窃事件。为此，餐饮店应要求员工避免携带贵重物品到店，以免发生丢失，必要时可交由柜台人员保管。餐饮店如自备现金，最好存放在保险柜中，收银处可安装摄像头。

餐饮店应对内部盗窃事件采取零容忍的管理态度，问题员工一经发现应被立刻开除，严重时应报警处理，以正视听。

某餐饮店曾出现员工偷拿食材回家的事件，餐饮店员工李某发现餐饮店管理较为松懈，便偷盗餐饮店食材长达两年。最终，经营者在餐饮店仓库门口安装摄像头后才发现李某的行为。虽然涉案金额不大，但经营者出于规范员工行为的目的，对李某做了开除处理。

在餐饮店安装摄像头并予以标识，不仅能有效抑制餐饮店内的盗窃行为，还能减少寻衅滋事等行为，有效保护员工和顾客的人身财产安全。

9.4.2 按时清算，保障安全

餐饮店应建立规范的财务管理制度，包括营业额管理、备用金管理、费用报销管理、供应商管理等。

1．营业额管理

餐饮店应对每日营业额进行严格审核。

餐饮店应每日制作"财务与营业额存缴检查记录"，该记录应由直接负责人进行签字确认。餐饮店每日的营业额要在次日上午存放或转账至指定银行账户。

2．备用金管理

备用金是指在餐饮店日常经营中，为满足临时支付需要而准备的小额资金，该资金严禁员工私用或者出借给他人。餐饮店应建立备用金使用记录机制，明确备用金使用去向，并不定期进行抽查。

3．费用报销管理

费用报销过程中，管理人员应核对原始票据的真实性与合理性。例如确认采购物品的真实性、检查大宗采购是否有负责人签名、票据是否真实等。餐饮店也可根据自身需求制定费用报销流程，但应保证审批和使用环节的独立性，确保费用报销有真凭实据。

4．供应商管理

餐饮店在确定供应商时，应重点考量其供应稳定性，避免不断更换供应商。同时，餐饮店还应要求供应商提供相关资质证明材料，对这些材料进行真实性审核并存档。表9.4-1所示为供应商应提供的材料。

表9.4-1　供应商应提供的材料

	所需材料
基础资质	企业营业执照、税务登记证、开户行账号
	ISO 9011/2000 版本证书
	售出产品认证资质，例如 3C 认证证书、SGS 检验报告等
基本信息	供应商企业全称、办公地点
	联系方式以及联系人
	可提供公司官网，没有则不提供

餐饮店确认材料真实后，即可与供应商签订采购合同以及品质保证协议，明确双方权责。合同中会列明需要支付的款项，餐饮店应按时付款，以免影响商誉。

第 10 章

餐饮连锁管理：如何做好餐饮店连锁管理

　　连锁餐饮店如何脱颖而出？管理是重中之重。本章涵盖了餐饮品牌的连锁扩张策略、餐饮连锁品牌的四大核心建设内容、餐饮连锁品牌的扩张策略、餐饮连锁店的运营管理等内容，可帮助经营者快速扩大商业版图，抢占更多市场份额。

10.1 餐饮品牌如何做好连锁扩张

连锁扩张，是指餐饮企业利用品牌影响力、借助资本力量、整合外部资源、突破自我发展瓶颈，成功裂变成多个经营同品牌餐饮业务的企业。

10.1.1 加盟扩张与直营扩张

加盟扩张与直营扩张是餐饮品牌连锁扩张时普遍采用的形式，是品牌方对企业定位、经营特点、资金实力等进行综合权衡后做出的重要决策。表10.1-1所示为加盟扩张与直营扩张的对比。

表10.1-1 加盟扩张与直营扩张的对比

类目	加盟扩张	直营扩张
资金来源	加盟方	品牌方
门店所有权	加盟方	品牌方
品牌所有权	品牌方	品牌方
管理权限	统一管理	统一管理
员工团队的组建	加盟方	品牌方
员工团队的培训	品牌方	品牌方
经营利润	加盟方与品牌方共享	品牌方
扩张速度	快	慢
操作难度	难	简单
经营稳定性	低	高
经营风险	低	高
品牌形象	一致	一致

餐饮企业可以根据自身特点选择对应的扩张模式。

1. 以产品为核心竞争力

绝味鸭脖品牌是国内卤味行业的领先企业，其主打产品绝味鸭脖博采中药文化之众长，采用独家秘方烹制而成。品牌发展至今一直采用加盟扩张的方式，迄今店铺已达1万多家。

以产品为核心竞争力时，品牌方的核心价值难以被其他企业所模仿，且能在标准化运作体系下保证统一的产品品质。品牌方和加盟方以产品为纽带建立合作关系，品牌方掌握加盟方的命脉，加盟方脱离品牌方将难以生存。此时，品牌企业宜选择加盟扩张的形式。

2. 以服务为核心竞争力

海底捞的"出圈"主要依靠其近乎完美的服务。海底捞一直谨慎采用直营的形式进行扩张，同行并没有真正掌握海底捞服务的核心。

餐饮服务的核心主体是人，有很强的主观因素，很难保证标准绝对统一。同时，服务的核心程序一旦被其他企业掌握，企业的品牌竞争力就可能降低。

3. 直营和加盟并举进行品牌扩张

外婆家是知名的杭帮菜品牌，向投资者提供了非常灵活且健全的政策，投资者选择直营或加盟的形式均可。肯德基和麦当劳则是确保直营店正常运营之后再寻找投资者，使之成为加盟店。

相当多的餐饮企业采用直营和加盟并举的形式进行品牌扩张，这样既弱化了单纯进行加盟扩张可能带来的不稳定性，也缓解了单纯进行直营扩张的资金压力，同时降低了单一品牌扩张模式带来的潜在风险。

10.1.2 新餐饮形势下的品牌价值

品牌价值是品牌的精髓，是品牌区别于同类型品牌的特质。餐饮店的品牌价值就是门店与其他同品类门店的根本差异。

1. 打造品牌价值

赛百味提出的品牌价值"不是所有快餐都会使人肥胖"。在大众的观念里，西式快餐被定义为"垃圾食品"，而赛百味的这句话告诉顾客，凡事皆有例外。因为赛百味的面包坯、酱料、蔬菜、肉类均可自由组合，顾客完全能打造出健康又营养的快餐食品。

餐饮店可以将品牌价值浓缩成一句能打动顾客的话，这句话可以描述产品的核心卖点，可以点明消费群体的心理诉求，也可以点明同品类产品的痛点。无论如何，这句话要有极强的针对性，能直击顾客的心灵。

2. 验证品牌价值

品牌价值必须名副其实，经得起顾客的检验。

四季椰林主打椰子鸡火锅，在顾客进店验证时，当着顾客的面将一整只鸡、4个完整椰子的椰汁放进锅内。这套流程原本能在后厨完成，但没法让顾客亲自鉴定，而现场操作就能让顾客验证品牌价值。

宣传品牌价值应着眼于细节，在顾客目之所及的地方，用细节打动他们。

10.1.3 寻找意向加盟商的策略与方法

找到意向加盟商，是餐饮店加盟扩张的第一步。餐饮店预招商时，要对自身的战略发展目标、期望的投资回报率、运作体系、对加盟商的要求进行准确分析，对双方的责、权、利形成清晰的定义。

餐饮店还应本着合作共赢、扩大影响力的目的进行扩张，切忌做出只为赚取高昂加盟费的短视行为。

百果园在加盟扩张时制定了两套策略供加盟商综合评估。第一种策略的资金投入少，加盟商只需投入10万元左右，大部分资金由百果园总部承担，但加盟商的利润分成比例会降低。第二种策略的资金投入大，加盟商需投入28万~30万元的全部启动资金，但利润分成比例会相应提高。

以下渠道可以帮助餐饮店快速找到意向加盟商。

1．具有拓展潜力的渠道

具有拓展潜力的渠道包括企业的员工、终端顾客、合作业务单位、加盟商等。这类对象对餐饮店的品牌价值有较强的认同感，对餐饮店的运营状况相当了解，有信任基础，拓展难度相对较小。

2．行业内的展会渠道

展会通常有相应主题，参会者也都有明确的目的，拓展效果较好。餐饮店应多收集意向加盟商的资料，在展会结束后对其密切追踪，向其进行品牌价值的宣讲，从中筛选有意向的优质加盟商。

3．新媒体渠道

新媒体的传播范围广泛，传播方式多样，餐饮店可将招商信息制作成精彩的视频或者极具说服力的图文结合的内容，发布到自有网站、流量平台、专门的招商网站等。

4．传统媒体渠道

有实力的餐饮店可以将加盟广告投放至地方电视媒体、报纸或者交通广播等渠道，用多种渠道传播招商信息。

10.1.4 面对意向加盟商时的谈判策略

餐饮店接洽到优质的意向加盟商后，随即进行谈判。谈判过程中，餐饮店应始终保持谦逊的态度，让对方感受到被尊重、被重视。图 10.1-1 所示为餐饮店谈判的五大要诀。

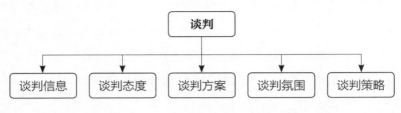

图10.1-1 餐饮店谈判的五大要诀

1．谈判信息

知己知彼方能百战不殆。餐饮店首先要了解对方的资金实力及经营能力，评估对方是否符合自身要求。对方若为个人，应了解对方过往的经历；对方若为企业，则应了解其经营状况及文化理念，甄别其与自身品牌价值和经营理念的契合度。通过对这些信息的了解，餐饮店可以抓住谈判主动权。

2．谈判态度

餐饮店在与意向加盟商进行谈判时，不宜用一成不变的态度对待所有的意向加盟商，要遇强则强，遇弱则弱，根据对意向加盟商的初步评估选用合适的态度。

3．谈判方案

餐饮店在谈判前应该准备多套谈判方案，对重要条款设置好合作底线，然后根据谈判的进展情况逐步释放条件，当合作底线被触及，但双方仍未达成合作意向时，可终止谈判。

4．谈判氛围

谈判初期，餐饮店要"求同存异"，即将与意向加盟商相同的观点强化且放大，让对方感觉自己是其最佳选择，由此产生强大的合作意愿，这也有利于营造良好的谈判氛围。

5. 谈判策略

在谈判初期，餐饮店可以提出一两个超出加盟商预期的要求，引导对方就此要求与自己进行持续协商。最终，餐饮店可以摆出无可奈何的姿态放弃对方提出的要求。

以退为进属于一种心理战术，餐饮店表面看损失了利益，实则赢得了谈判。

10.1.5 餐饮店的差异化扩张策略

差异化是餐饮店在激烈的同行竞争中胜出的法宝，是餐饮店抵御价格战、拒绝同质化发展的有力武器，也是被顾客认可的品牌价值体现。实现差异化扩张的主要策略如下。

1. 向内寻，挖掘品牌内在潜能

餐饮店进行差异化扩张时，应清楚了解自身品牌的差异化特点与发展局限，进而挖掘品牌的内在潜能和独一无二的竞争优势，从而找到品牌新的增长点。

2. 向外找，探索竞争品牌优势

餐饮店应积极分析竞争对手，了解对方的突出优势，将之"拿来"为我所用，让对方的优势与自身的品牌理念合理融合，为我方在市场竞争中增添砝码。

呷哺呷哺是一家经营台式小火锅的连锁餐饮品牌，从1998年诞生起便坚持走平价路线，被奉为火锅界的"性价比之王"。

随着众多火锅品牌的崛起，呷哺呷哺从最初的大肆扩张慢慢走向默默无闻，经营遇到困境，急需寻求突破。2015年，呷哺呷哺的高端火锅品牌凑凑诞生，凑凑依然主打台式小火锅的健康理念，但凭借惊艳的菜品和周到的服务得到了顾客的认可，迅速成为与海底捞齐名的火锅头部品牌。

凑凑的服务里无不渗透着海底捞的影子，顾客排队等位时提供的免费小吃和奶茶、就餐时派送的米酒和梅子冻、离开时赠送的鸭血豆腐，都让顾客大呼赚到了。呷哺呷哺集他人之所长，并将其发扬光大，实现了差异化扩张的成功。

餐饮店进行差异化扩张时，切忌盲目跟风，要注意餐饮店的持续稳定经营。

10.1.6 餐饮店品牌的连锁标准制定

餐饮店品牌必须具备较强的可复制性，才能快速复制出多个同品牌的店铺，形成连锁经营的态势。

真功夫是主营蒸品的中式餐馆，目前旗下店铺已有 600 多家。真功夫用先进的科学技术突破了中式餐品制作依赖厨师的难题，实现工业化、标准化生产。千餐一品是真功夫成功扩张的基础，也是餐饮店品牌大规模连锁扩张的根本。

品牌的可复制性取决于品牌的连锁标准是否合理明晰。图 10.1-2 所示为餐饮店制定连锁标准的要点。

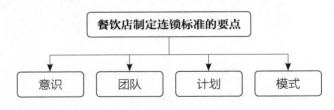

图10.1-2　餐饮店制定连锁标准的要点

1．意识

经营餐饮单店时，经营者就要具有连锁运营的意识，善于总结品牌产品、服务流程和创设环境的标准化特点，逐步减少运营中人为操作的部分，适当增加可量化的考察标准。

2. 团队

制定连锁标准的团队需由决策层和执行层组成。

决策层对行业的发展趋势、品牌的核心竞争力和待突破核心点应有清晰认识，清楚连锁标准制定各环节的逻辑关系，进行决策并指导执行层。

执行层的人员分工要明确，能贯彻决策层的指导思想，处理工作中的小问题，敏锐察觉连锁标准的漏洞，并向决策层汇报，以寻求解决方案。

3. 计划

经营者要制订详细的项目运作计划书，将团队成员的责、权、利清晰化，使团队成员在计划书的指引下推动项目的进展。

4. 模式

经营者应在单店阶段开始进行连锁标准的验证，由此制定出详尽的标准化运营手册。标准化运营手册应对产品的制作流程和服务人员的服务流程和标准、环境的打造、氛围的营造进行模式化的规定，确保连锁店只要一册在手，便能完美复刻总店的运营模式。

10.2 餐饮连锁品牌的四大核心建设内容

餐饮连锁品牌必须打破传统企业受限于地域、时间的现状，突破依靠店面创收的单一盈利模式，用"四化"新思维探索发展方向。

10.2.1 标准化实施

标准化是餐饮品牌连锁经营的坚定基础。经营者要先制定符合品牌定位和发展规划的标准运作模式，再对加盟商、直营店的执行情况进行监督与管理。图 10.2-1 所示为餐饮连锁店标准化实施的要点。

图10.2-1　餐饮连锁店标准化实施的要点

1. 食材采购标准化

餐饮连锁店食材的采购权必须归总公司所有，总公司按照标准化运作流程中规定的食材要求和各店铺的需求数量进行集中采购，以确保餐饮连锁店食材品质的统一。

2. 用料配比标准化

用料配比的标准化是菜品品质的保障，餐饮连锁品牌要将食材和配料的用量全部量化，并写进标准化菜单中，杜绝人为调整。此外，餐饮店有必要为员工提供量化工具，或者对每样食材和配料依据标准化菜单进行分装，员工只需按照标准化菜单进行配制。

3. 制作流程标准化

餐饮连锁品牌应将菜品制作流程有效分解，由相应员工负责各个环节。对流程的分解应尽量细致，方便工序衔接。

茶百道是经营茶饮的知名连锁企业，目前全国门店已有6000多家，标准化运作是茶百道在品牌初创时就坚持的经营模式。水果和原材料的采购由集团总部统一进行，各分店没有采购权。茶饮的制作虽然在各门店进行，但是对材料的使用有着严苛的量化标准，例如控制泵可以准确控制水、奶及糖的分量。

店内的员工也进行了明确的分工，煮茶汤、煮配料、打奶盖、切水果、接单、打包等都有专人负责。

餐饮连锁品牌还可以进一步对服务、环境进行标准化打造，例如合理地分解与量化，让每个环节有实施标准可参照，每项工作都能被量化考核。

10.2.2 外卖化改革

餐饮连锁店的外卖化改革顺应了时代发展的需要。由于外卖的产品定位、顾客群体和营销模式与堂食截然不同，餐饮连锁店在进行外卖化改革时必须抓住这些关键。

小龙坎是知名的火锅连锁品牌，全国已有 800 余家门店。小龙坎针对外卖顾客的消费特点及平均客单价，推出了 20 多元一份的火锅菜。堂食是顾客边涮边吃，外卖则是门店将菜提前煮好打包送到顾客手中，顾客开盖即食。小龙坎火锅菜荤素搭配、营养全面，保留了麻辣鲜香的火锅本味，让顾客直呼吃得过瘾。小龙坎利用自身产品优势，结合外卖平台顾客的消费结构，推出的火锅菜系列不失为重口味外卖顾客的理想选择。

图 10.2-2 所示为餐饮连锁店外卖化改革的要点。

图10.2-2　餐饮连锁店外卖化改革的要点

在进行餐饮连锁店外卖化改革过程中，经营者应积极从以下角度入手。

1．采用适用于外卖的产品方案

外卖顾客的诉求比较单一，更重视菜品口味和配送速度。餐饮连锁店在标准化运作流程下，出餐速度具有优势，但餐饮连锁店要将外卖配送的时间因素充分考虑在其中。此外，品牌餐饮连锁店还要选择优质的外卖包装材料，方便外卖员配送，为顾客提供好的就餐体验。

2．分析外卖顾客

目前外卖顾客的主要群体为"85后"和"90后"，餐饮连锁店有必要根据顾客的客单价和消费水平调整价格，根据其喜好推出针对性的菜品。此外，餐饮连锁店还要重点分析顾客复购和流失的原因，持续推出新品刺激顾客消费，对顾客的差评要重视并及时改正。

3．分析外卖平台运作机制

在与外卖平台合作时，餐饮连锁店要充分了解外卖平台的运作机制，利用新店优惠、满减政策、特价菜等形式吸引顾客消费。如此，才能挖掘潜在顾客，提高品牌在外卖平台的曝光度。

10.2.3 智能化运营

餐饮连锁店的智能化应用更多体现在消费终端，常见服务有网上排队、扫码点单、外卖点餐、自助收银、自助取餐、机器人送餐等。

海底捞智慧餐厅的布局涉及餐饮店的前厅后厨、整体的采购、前期店铺选址等。

在前厅，智能化机器人代替人工完成接受顾客的咨询及预订、帮助顾客排号等工作，顾客不论在哪个店铺，只要登入系统，便会出现自己的专属定制。海底捞创设的云聚餐场景，可以使顾客在线与家人共吃火锅，还能一起玩海底捞提供的线上游戏。

在后厨，通过智能厨房管理系统，海底捞对物料的使用状态一目了然，并根据库存、季节和天气的因素，测算物资的合理采购量。同时，该系统为每道菜贴上标注生产日期和保质期的电子标签，临近过期会系统自动提醒，以减少浪费。

在店铺选址方面，海底捞借助智能化系统进行科学选址，减少了店铺选址的时间成本和人力成本，提高了店铺选址的精准度。

图 10.2-3 所示为餐饮连锁店智能化运营的要点。

图10.2-3　餐饮连锁店智能化运营的要点

1. 供应链体系智能化

智能化的供应链体系可以使餐饮店根据各分店同期的运营状况和近期的销售情况，测算出合理的采购数据，从而有效控制成本，避免不必要的损耗。

2. 营销体系智能化

智能化的营销体系可以使餐饮店根据自身的品牌定位和顾客的消费习惯，将品牌的推广活动针对性地推送给潜在顾客，从而提高品牌推广的精准度。

3. 顾客服务体系智能化

服务智能化不应该只应用于自助点单、自助收银、机器人送餐等环节，还应该为顾客提供更多的个性化服务，如根据顾客的饮食喜好为其推荐合适的菜品，为顾客创设需要的就餐场景，在顾客等餐时提供影片、游戏等娱乐方式，以提升顾客在门店就餐的体验感。

4. 厨房管理体系智能化

厨房利用机器人进行菜品的配比和烹制，保证了菜品出餐的一致，减少了人工操作的误差和对厨师的依赖。对仓储物资实时监控，则保证了菜品的健康与新鲜。

5. 人力管理体系智能化

智能化的人力管理体系可使餐饮店根据店铺不同时段的经营状况，规划人员的合理配置，减少不必要的人力成本。

10.2.4 资本化设计

有了资本的加持，餐饮连锁店可以突破自身实力的局限进行飞跃式扩张，摆脱单品类销售的束缚，开启全品类经营。同时，资本化还可以帮助餐饮连锁店尽快完成标准化、智能化建设。

餐饮连锁店应如何实现资本化？图10.2-4所示为餐饮连锁店资本化设计的要点。

图10.2-4 餐饮连锁店资本化设计的要点

1．提升创收效率

餐饮连锁店需改变传统的单一销售结构，开辟线上线下多场景的销售路径。同时，餐饮连锁店应扩大品牌影响力，提升品牌附加值，避开同品类产品简单直接的价格竞争。

2．严控采购成本

餐饮连锁店通过智能化的供应链体系，采取系统科学的方法，明确物资采购需求，有效控制采购成本；通过智能化的中央厨房管理体系，对每道菜品依据标准菜单进行配比，杜绝了食材浪费，可以使采购更科学、精准。

3．降低人力成本

餐饮连锁店通过标准化和智能化的后厨管理体系，减少了对后厨人员的依赖。前厅自助点餐收银、机器人送餐，这样的举措减少了不必要的人力成本。

4．引进先进技术

新型的餐饮连锁店更像是互联网企业。例如，餐饮连锁店通过先进的电子信息管理系统，便可知道企业的经营状况、顾客的消费喜好、客单价的变化等，由此着手经营生产的规划和营销策略的调整，从而能有效杜绝发展过程中的潜在风险，提高经营收益。

10.3 餐饮连锁店的运营管理

餐饮连锁店的运营管理是比较复杂的系统工程，管理者必须具备清晰的品牌定位、科学的品牌管理思想、高度的品牌品质管控意识，以及系统的人才培养计划。

10.3.1 餐饮连锁店如何运营与管理

餐饮品牌不断扩张，餐饮连锁店逐渐增多，此时管理策略尤为重要。任何管理不善，都可能造成各餐饮连锁店的品质低下、人员混乱、服务质量差等，导致"连而不锁"。

千味涮是一个经营小火锅的知名品牌，发展近 10 年已开有 40 多家店铺。

千味涮早年间是朋友聚餐、情侣约会的好去处，但随着众多火锅品牌的蓬勃发展，千味涮逐渐没落。2022 年，该品牌做了创新性的改革，将其中一家门店由点菜收费改为自助餐形式。原本冷冷清清的店铺变得热火朝天，顾客花 108 元便可实现吃肉自由，而前来消费的顾客大快朵颐，大有"给店家上一课的架势"。

借助顾客的热情，千味涮坚持了品牌明确的定位，只是改变了营销模式。实际上，该品牌依靠稳定的供应链体系，虽然开展了肉类任食的优惠活动，但肉类的品质丝毫没有降低。

餐饮品牌连锁管理的目的在于聚集人气，千味涮这种做法表面上损失了利润，实际上却赢得了顾客对品牌的认可，挽回了流失的顾客。

餐饮连锁店的管理实质就是定位、品质、人员、供应链等因素的统一管理。现代餐饮连锁店管理应兼具标准化、智能化与人性化。表 10.3-1 所示为餐饮连锁店的管理策略。

表10.3-1　餐饮连锁店的管理策略

管理策略	重要性	详细描述
品牌定位清晰一致	品牌定位是餐饮品牌持续发展的源泉	品牌定位是品牌核心价值和竞争力的体现，也是传递给顾客的品牌印象和差异化形象。无论品牌发展处于何种阶段，品牌经营者必须坚决拥护并忠于品牌定位，未经品牌核心管理层审核，任何人都不得随意变更品牌定位
稳定优化供应链	供应链是餐饮品牌持续发展的基石	稳定的供应链可以为餐饮品牌提供优质的原料，保证餐饮连锁店出品的一致性，也可以帮助餐饮品牌控制成本，保证餐饮品牌的价格优势。餐饮品牌有必要追根溯源，持续挖掘和优化供应链体系，为巩固餐饮出品的品质保驾护航

续表

管理策略	重要性	详细描述
人才培养计划	人才是餐饮品牌持续发展的核心	人才是阻碍餐饮品牌发展的痛点，尤其是基层管理人员。人才外聘只能缓解短期问题，但不能解决长期困难，最好的方法是培养自有员工。餐饮品牌可以为员工制定系统的人才养成计划及人才激励机制，让员工跟随餐饮品牌的发展而成长，逐渐成为品牌扩张的中坚力量
品质始终如一	品质是餐饮品牌持续发展的保证	餐饮连锁店不同门店、不同时间段的菜品品质应该始终如一，这也是连锁餐饮的特质之一。在品质为王的基础上，餐饮连锁店要注重菜品制作的安全与健康、独特性与辨识度，要让顾客对餐饮连锁店的菜品交口称赞。此外，餐饮品牌还要具有创新精神，让菜品的创新速度跟上顾客味蕾的变化

坚持上述餐饮连锁店的管理策略，在定位、人才、供应链和品质方面积极努力，餐饮品牌将从中不断受益，取得长远的进步。

10.3.2 连锁店的员工成长策略

培训是提升员工专业技能、强化员工服务意识、传递企业品牌理念的主要手段。餐饮连锁店的培训形式多种多样，例如师徒的传帮带、小组的随机培训、门店的座谈式培训、品牌方的专题培训等。

肯德基会对员工进行多层次、全方位的培训，不论是哪个层次的人员，都能通过培训提升工作技能，完善自身结构和个人成长路径。

肯德基的普通服务人员要接受200小时的"新员工培训计划"；餐厅管理人员需要在此基础上参加"高级知识技能培训"；餐厅经理会被安排参加"餐厅经理年会"等活动，以在活动中互相切磋，深入学习。

肯德基深知人才培养的重要性，会不定期地举办员工竞赛活动，促进员工的团队协作精神和服务细节的培养。肯德基正因拥有人力培训战略规划，对人才不遗余力地进行培养，才具备了超强的品牌核心竞争力和立于不败之地的底气。

餐饮连锁店主要应该从培训形式出发，认识培训工作的意义和价值，区分不同培训工作的差别。

1．师徒的传帮带

师徒的传帮带的方式主要适合新员工入职或者员工发生岗位变动后的培训。通过师傅一对一地言传身教，徒弟边工作边学习，尽快掌握工作技能，明白工作职责。这种理论结合实践的培训方式能让员工快速融入到工作环境，快速胜任本岗位工作。

2．小组的随机培训

小组的随机培训由小组负责人召集，主要是解决工作中存在的小问题，以杜绝对应的隐患。培训中，负责人提出问题，组员们各抒己见，最后通过总结，组员们对解决问题的方法达成共识。

小组的随机培训实现了有问题必解决，有利于员工思想的统一和工作效率的提高。

3．门店的座谈式培训

门店座谈式培训可以是传递集团总部的文件精神、品牌营销策略、品牌战略路线等，也可以是对门店员工的共性问题进行专题分析解决。这种方式能促进门店店风店貌的建设，有助于门店始终跟随集团总部的步伐稳步发展。

4．品牌方的专题培训

品牌方的专题培训应该是经过认真筹备、周密安排的活动，可以是专业技能的培训，也可以是服务流程的培训，还可以是员工的表彰活动。

类似培训能促进各店员工能力的提升，激励员工共同进步，保证连锁品牌各门店服务的一致性，形成对连锁品牌发展方向的有力把控。

10.3.3 连锁店店长培训策略

店长是门店的经营者和管理者，是员工与品牌方的纽带。店长既要执行品牌方决策、维护门店的利益，又要监督员工的工作、保障员工的合理权益。

店长的工作能力和思想意识直接决定着门店的经营业绩和员工的工作热情，品牌方对店长的培训应该重点把握以下内容。

1．语言表达能力

无论是门店的日常管理、与员工间的小范围沟通，还是向集团总部进行工作汇报，都需要店长具备良好的语言表达能力。品牌方应着力组织提升店长语言表达能力的培训，为店长灌输行业内的专业语术，帮助店长增强表达时的亲和力和凝聚力。

2．日常工作内容

品牌方应对店长进行门店运营及工作职能的培训，确保店长了解门店的日常工作流程、店长的工作内容与职责、门店的经营目标与成本控制方案。

3．多种培训方式

对店长的培训，不必总是采用会议形式的专场培训，可以采用灵活多变的形式，让店长在实践中学习。有经验的品牌方管理人员可以结合门店工作实际培训练店长，由店长模拟操练、专业店长观察指导，专业店长以一对一的培训方式教导店长。

4．标准化内容

连锁品牌的特点是运作流程标准化，品牌方应使店长熟悉流程，巩固其对标准的掌握程度，以便店长能将标准化的运作流程准确传达给员工，并能在日常管理中快速纠正员工的错误。

5．临场反应能力

餐饮行业每天都要面对形形色色的顾客，难免会有不愉快或者极端事件发生。品牌方可以通过实景演练的方式，帮助店长提升应对突发事件的能力，也可以利用已有的成功案例，训练店长举一反三、灵活处理事件的能力。

10.3.4 连锁店的督导

连锁店的督导，主要指品牌方对各门店的执行方针政策情况、运营活动进展、员工工作状况进行监督与指导。

和番丼饭是一个经营牛肉饭的连锁品牌，目前全国门店已达800多家。和番丼饭如此迅猛的发展离不开品牌优惠的加盟政策、复制能力超强的标准化运营模式、任劳任怨的员工队伍，更离不开在背后默默付出的督导团队。

和番丼饭核心管理团队会对督导进行理论与实践兼具的系统化培训，让督导熟悉门店运营的所有环节，督导在培训结束后通过团队考核才能正式上岗。当新店开业时，督导便会驻店对店长进行一对一的开店辅导，直到店长掌握了门店经营的全部内容，开店辅导工作才算结束。之后，督导会不定期地检查和监督门店的运营情况，及时处理店长遇到的棘手问题。正是因为有督导的保驾护航，和番丼饭才能实现持续创收和有序发展。

督导能有效提升销售业绩、促进服务质量改善，确保各门店按统一的标准、品牌价值理念进行健康运营。在巡店时，督导也可随时转换成辅导员的角色，对员工的专业技能和服务素质进行现场指导。

连锁店的督导应该如何设置呢？表10.3-2所示为连锁店督导的设置要领。

表10.3-2　连锁店督导的设置要领

设置要领	详细内容
人选的确定	督导可以由门店的专业店长和优秀员工担当，他们有一线实践的工作经验，对工作流程和工作内容相当熟悉，能及时发现门店经营和员工工作中存在的问题。同时，他们对品牌有极强的认同感和忠诚度，能准确向门店传达品牌的精神及价值主张。外聘督导也能为品牌注入新鲜血液，帮助品牌甄别不易察觉的细节问题
合理的督导组织搭建	连锁店的督导组织搭建由品牌的运作规模、标准化运作的程度及督导工作的精细化程度决定。如果是有几十家连锁店的品牌，可以设置一个督导岗位，也可以对督导岗位进行精细化设置，分别设立门店督导、营运督导、培训督导等岗位
督导体系建设	督导体系必须具备科学的管理制度、有效的督导措施、标准的工作流程、科学的考核手段。只有在完善的督导体系中，督导才能有条不紊地推进门店的监督与指导工作，才能提升和改进各门店的经营效益和服务质量

10.3.5 连锁店的标准化管理手册

现代化高速发展的企业为了建立科学的管理制度，大都会制作标准化管理手册。好的标准化管理手册可以调动员工的工作积极性，提升企业的核心竞争力，使企业实现飞跃式发展。

全球有2万多家麦当劳连锁店，每家麦当劳的出餐及服务都执行统一标准，这一秘诀就在于麦当劳有长达千页的《操作规范》和完善的管理手册。

在管理手册中，麦当劳首先阐明了品牌的发展历程和核心竞争力，让新进人才通过手册便知麦当劳经营的四大宗旨——"Q、S、C、V"（质量、服务、清洁、价值）。

麦当劳管理手册将"人"放在了最重要的位置，强调了在品牌发展历程中员工的突出贡献，提供了员工与企业开放式沟通的渠道，员工可以合理地进行投诉和提出建议。

麦当劳管理手册对员工岗位职责、工作规范、服务标准、薪酬体系等内容也都进行了明确而细致的表述。

管理手册伴随着麦当劳的发展进行同步更新，麦当劳的管理手册也成了众多企业编制管理手册时参考的范本。

编制管理手册应注意如下内容。

1．短小精悍，语言简洁

管理手册应该短小精悍，语言简洁，方便员工利用碎片时间学习和记忆，也方便员工参照管理手册开展日常工作。

2．通俗易懂，呈现口语化

管理手册的服务对象是所有员工，员工的文化水平参差不齐。管理手册的语言表达应通俗易懂，呈现口语化。

3. 直截了当，直奔主题

管理手册的主要功能是帮助企业解决管理问题，指导员工合理工作。管理手册条款的制定应该直截了当，直奔主题，用寥寥数语将重点表述清楚即可。

4. 只写结论，不写原因

管理手册的条款是征求大部分员工的意见后，由品牌核心管理层协商制定的，故管理手册上只体现结论，而不需写原因。门店管理团队可以在制度出台后，对员工进行讲解和宣导，提高员工对管理制度的认同感。

5. 指向明确，边界感强

根据功能的不同，管理手册可分为薪酬管理手册、考勤管理手册、岗位职责管理手册等，每份管理手册都有明确的指向性。在编制管理手册时，编写者要注意管理手册的边界感，切忌包罗万象、大而无当。

6. 实事求是，着眼当下

管理手册的编制可以借鉴优秀同行，但不能照搬管理条款，而是需要根据品牌的核心理念，结合当下运营状况，编制符合管理需要的管理手册。

第 11 章

餐饮品牌管理：如何打造一个知名餐饮品牌

餐饮店和餐饮品牌互为载体，相互成就。打造知名餐饮品牌，需要从餐饮店本身擅长的细分领域内提炼出餐饮品牌的定位，再逐步造势，不断提升品牌影响力。

11.1 餐饮品牌如何影响餐饮消费习惯

餐饮品牌诞生于满足顾客用餐需求，服务于提升顾客用餐体验。建立餐饮品牌，能带给餐饮店知名度提升、媒体聚焦、社会影响力扩大等优势。为此，经营者应详细了解如何运用餐饮品牌去影响顾客的决策，如何在互联网时代运用短视频直播彰显品牌的价值与魅力。

11.1.1 餐饮品牌是如何影响顾客的决策的

为了影响顾客决策，经营者必须通过各种有效营销手段打造餐饮品牌，以收获顾客的好感，培养其忠诚度，最终吸引顾客主动来餐饮店消费，并参与宣传。

除了运用顾客能直接感知与获取的信息，经营者还可以通过社会舆论、KOL 达人的分享来影响顾客决策。

一位小有名气的餐饮从业人员透露，"网红"餐饮店的运营方法离不开以下 3 点：邀请 KOL 达人在线上宣传"造势"、营造高颜值和氛围感强的就餐环境、用新奇的产品满足顾客好奇心。

在餐饮品牌对顾客决策产生积极作用的过程中，经营者应注意以下要点，如图 11.1-1 所示。

要点一
获得顾客好感

要点二
培养顾客忠诚度

要点三
做好宣传工作

图11.1-1　餐饮品牌影响顾客决策的要点

1．获得顾客好感

获得顾客好感是餐饮品牌发挥作用的基本要求，经营者尤其要运用品牌来获取目标群体的好感。

经营者应清楚品牌影响的目标群体有哪些，他们的消费习惯和行为特征如何；其次应根据目标群体的期望与实际对餐饮品牌做出定位，即餐饮品牌有哪些与众不同的特质；最后，应不断根据顾客的反馈对餐饮品牌形象做恰当调整。

2．培养顾客忠诚度

顾客在有多家选择的情况下，仍然能在你的餐饮店消费，并且愿意将你的餐饮店介绍给周围人，这类忠诚度非常高的顾客可被称为"品牌超级用户"。

餐饮品牌可以通过个性化强、服务和质量好、性价比高、老顾客折扣多等方式，培养顾客忠诚度。当顾客对餐饮品牌产生忠诚，他们会主动为消费行为寻找较理性的理由，为品牌解释、宣传、赋能。

3．做好宣传工作

餐饮品牌之所以要重视宣传工作取决于多方面因素。

（1）从竞争环境上看，互联网时代到来，品牌丛生，餐饮行业竞争激烈。如果餐饮品牌缺乏宣传能力，不仅无法影响顾客决策，甚至难以生存。

（2）从顾客角度看，餐饮消费属于刚需且频繁，因此，顾客对餐饮品牌的要求越来越高。餐饮品牌宣传工作更像是对顾客给出承诺，而餐饮店则是兑现承诺的平台。

（3）宣传预算应该用在刀刃上，不能为了低成本、吸引眼球和追逐短期趋势而随意宣传，经营者必须制定稳定、长期的宣传策略，同时了解顾客喜闻乐见的宣传方式，形成品牌文化输出。

11.1.2 餐饮品牌在短视频、直播中的价值与魅力

餐饮品牌在短视频、直播中的价值与魅力是传统广告无法替代的。顾客看餐饮品牌的短视频、直播，可以打发时间，同时了解周边餐饮店信息，感受新的消费互动趋势。同时，餐饮品牌输出短视频、组织和参与直播，也是为品牌宣传造势。

2022年，我国某连锁餐饮店在其火锅品牌的6周年活动期间，在抖音进行线上直播，单场直播交易额达460万元。与此同时，还有餐饮品牌单场直播交易额达到了800万元，比线下门店半月的交易额还高。众多餐饮从业人员坚信餐饮品牌线上化、视频化的趋势不可阻挡。

短视频和直播都是线上平台，怎样保证短视频、直播宣传比线下门店宣传效果更好？餐饮品牌在短视频、直播中的价值与魅力能否长期延续呢？

1．短视频、直播的品牌宣传价值

短视频、直播能快速宣传餐饮品牌，还能提高餐饮品牌的线上魅力。为了进一步发挥短视频、直播的宣传价值，经营者不能为了跟风而做短视频、直播，必须要根据自身的资源和优势做好规划。

经营者应扪心自问，餐饮品牌的下一个短视频、下一次直播的宣传内容是什么？是宣传品牌理念，还是宣传新出的菜品，或者是营销门店服务态度，抑或是展现就餐环境的个性化？短视频、直播时间有限，不能充分展示全部内容，经营者有必要区分出内容的重点。同时，在进行短视频、直播的宣传过程中，经营者切忌盲目跟风，随意地将餐饮店形象拍摄下来并略微剪辑就"挂"

上网，这样的宣传方式不仅难以发挥餐饮品牌的魅力，更会影响顾客的感官体验与对餐饮品牌的印象。

2. 选择合适的短视频、直播平台

越来越多的社交软件被开发出发布短视频、开店直播功能，如百度小视频、淘宝逛逛、微信视频号、哔哩哔哩等。从日活跃用户量、应用下载量和知名度上看，我国顶尖的短视频平台有抖音和快手，微信、QQ等腾讯系视频平台紧追其后，快手、淘宝等直播平台也具有相对的影响力。表11.1-1所示为不同平台的优劣势对比。

表11.1-1　不同平台的优劣势对比

平台	抖音	快手	微信
优势	宣传范围大，可实现精准营销	宣传范围较大； 平台上用户自制内容占多数	私域流量是主体，熟人多，容易引客； 宣传成本低
劣势	顾客对餐饮品牌短视频要求较高； 专业机构的短视频直播更"吃香"	推广精确度及时效性较低	信息不畅通，宣传范围局限于熟人

除了上述短视频平台外，经营者也可以另辟蹊径，找准更适合自己的餐饮品牌的短视频、直播平台进行宣传。

11.2　餐饮品牌策划及设计策略

餐饮品牌的策划及设计策略的制定必须从顾客群体的消费特性中寻找灵感。在此基础上，经营者还要学会应用门店思维和扩大消费场景。

11.2.1　认清顾客群体的消费特性

为对餐饮品牌做好定位、外形设计和策划活动等一系列造势工作，经营者首先要认清不同顾客群体的消费特性。

通过了解顾客的消费行为和习惯，经营者应该能很清晰地感知不同顾客的消费特性存在区别，而这些区别在很大程度上影响着餐饮店的业绩，更影响着餐饮品牌的发展方向。经营者在进行餐饮品牌策划及设计策略的制定时，必须考虑这一因素。

20 世纪五六十年代，小丑波佐深受美国儿童喜爱。看到这一机会，麦当劳捉住儿童这类消费群体喜欢好玩和新奇产品的特性，设计了颜色鲜艳且反差大的麦当劳叔叔形象，并将该人偶元素运用到店门口。麦当劳还安排了"麦当劳叔叔"在店门口表演，成功吸引一众儿童的注意力，该品牌开始在媒体和顾客口中快速传播开来。

但在今天的中国，麦当劳叔叔早已失去了原有的影响力，甚至这个形象也很难出现，转而被"金拱门"取代。

麦当劳形象的转变是餐饮店根据顾客消费特性进行品牌营销及设计的典型案例，也促使更多的餐饮品牌充分重视顾客的消费特性。

由于社会分工越来越细致，每个人担任不同的角色，有着不同的经历，决定了个人行为喜好的差异，也导致了不同群体消费特性的差异。

从日常的餐饮消费看，高收入人群单次购买金额大，但消费频率不稳定，喜欢追求新的餐饮热点；普通白领单次购买金额相对没那么大，但消费地点稳定，消费频率较高。体力劳动人员单次购买频率高，消费地点不稳定，但口味单一……

实际上，不同的顾客群体划分方法能呈现出不同的消费特性。这就需要经营者能根据餐饮品牌特性，确定顾客群体划分标准。

例如，经营者希望让餐饮品牌成为某一特殊年龄段顾客的专属品牌，就要罗列该年龄段顾客群体的消费特性。表 11.2-1 所示为不同顾客群体的消费特性。

表11.2-1　不同顾客群体的消费特性

年龄	儿童	少年	青年	中年	老年
消费特性	喜欢好玩、新奇的产品，不在乎实用性	喜欢模仿和对比周围人的消费方式	追求潮流、有个性的产品，品牌观念强	看重产品的实用性	追求性价比，喜欢试品和赠品

经营者必须学会将餐饮品牌所能对接的人群精准化，再描述出其消费特性，以此为餐饮品牌的发展指明道路。

11.2.2 如何构建品牌的门店思维

随着餐饮品牌线上化趋势的发展，越来越多的经营者开始感到迷茫：餐饮店到底应该立足何处，是不顾实际全都打造成"网红店"吗？答案是否定的。移动互联网终究只是餐饮品牌的宣传渠道之一，作为必须线下完成最终消费的产业（外卖餐饮也是如此），餐饮店的门店思维只能围绕线下实体店运营特点加以构建。

杭州某餐饮管理有限公司，长期负责向餐饮店提供净菜加工、预制菜生产和冷链运输服务，并在全国以大区为范围布局多个中央厨房，定期向餐饮店提供服务。该餐饮公司立足线下，将品牌越做越大，不仅实现了餐饮品牌的打造，还成了业界管理质量水准的强势代表。

餐饮品牌构建门店思维，需要从经营过程中的各个方面入手。图 11.2-1 所示为餐饮品牌构建门店思维的重点。

图11.2-1　餐饮品牌构建门店思维的重点

1. 标准化生产

标准化生产并不意味提供简单、粗加工的产品，而是需要积极完善生产与管理机制、优化流程，以降低生产成本，使顾客花费更低的价格便能满足餐饮需求。

餐饮品牌的门店管理与运营，正在经历从个体管理向集体管理转变的过程，需要集中资源打造标准化的产品和服务，从而降低单家餐饮店的分摊成本。为此，餐饮连锁店应进行标准化生产，提供统一且标准的产品和服务，从而扩大品牌效益。

2. 信息化系统赋能

餐饮品牌应主动引入门店信息化系统，完善对餐饮品类的统计和分类，辅助对服务人员的人力资源管理，深入了解顾客消费行为，实现品牌通过线下门店为顾客提供更优质的产品和服务的价值。

3. 社区运营

社区运营，是指餐饮品牌重点对特定社区的目标群体进行价值宣传，是门店维护客源的重要渠道。该目标群体包含品牌门店在该区域的固定顾客。

4. 连接顾客

餐饮品牌对门店思维的运用必须落到实处，这需要门店日常管理运营的内容能全面连接顾客群体，满足其需求。因此，经营者不能仅凭过往经验和自身理论来处理门店事务，还要时刻带着品牌意识，仔细聆听顾客在用餐、活动过程中的反馈，了解品牌在顾客心中的定位与标签，以做出相应变化。

11.2.3 如何以品牌扩大消费场景

消费场景，是顾客最终决定是否购买的重要情境因素，被各行业营销人员所重视。随着场景"革命"到来，越来越多的餐饮品牌开始使用场景营销的方式吸引顾客的关注。餐饮品牌的消费场景不断扩大，趋向于多元化、沉浸式体验、自然化。

2022 年王府井与北京故宫文化传媒有限公司联名打造我国首家以"宫囍龙凤呈祥"为主题的餐厅，让顾客体验非遗传承文化与餐饮的组合。

餐饮品牌的当务之急，是探索其专属的新消费场景，以此提升品牌的影响力。在文化、生活、情感领域中，餐饮品牌有许多机会实现该目标。

1．消费场景的意义

对餐饮行业而言，消费场景不仅是顾客用餐的背景板，还包括顾客踏进门店的场景，甚至包括顾客在日常生活中联想到餐饮品牌的场景等。

餐饮行业对消费场景的重视，一方面意味着餐饮品牌日渐重视顾客消费时的内心需求，希望为顾客提供满足其全方面需要的产品和服务；另一方面则体现出餐饮品牌对顾客消费动机的深入探究和区分。餐饮品牌已经不满足于向普通的、大众化的顾客群体提供服务，而是尽力找准垂直顾客群体，形成提升品牌影响力的突破点。

2．扩大消费场景的方法

在餐饮行业，消费场景变得更加多元、包容，餐饮品牌扩大消费场景的常用方法有以下几种。

（1）举办品牌节庆活动。品牌节庆活动可以是当地饮食文化的呈现，可以是当地历史文化的衍生，也可以是餐饮品牌自身独创的节庆活动。不同的品牌节庆活动各有优劣。餐饮品牌应根据顾客的行为习惯，决定采取哪种方式。例如，餐饮品牌可以从顾客的具体消费数据入手，判断他们的消费动机是偏向某种饮食文化、钟爱特定区域的历史文化，还是单纯出于"猎奇"的心理，然后根据这一分析结果，将餐饮品牌元素融入节庆活动，让顾客通过活动记住餐饮品牌。

（2）设置不同的消费区域。消费区域的差别是由顾客需求多样化导致的。餐饮品牌可以为不同需求的顾客设置不同的消费区域，甚至提供不同的产品和服务。例如，餐饮品牌可以提供不同装修风格、不同采光特点的消费区域，甚至可以设计针对吸烟人群与不吸烟人群的消费区域等。

（3）作为赞助商融入生活场景。餐饮品牌在实力允许的情况下，可以通过获得活动、综艺赞助商的身份，自然地进入顾客的生活视野，提高品牌的知名度并获得顾客好感。

11.3　餐饮品牌如何提升品牌影响力

打造品牌需要历经千辛万苦，但毁掉品牌可能只需一朝懒惰。在日常经营中，经营者需要持续投入，不断扩大餐饮品牌的社会影响力，认真学习长期广告、扩大文化影响力、破圈出界、维护自身权益等方面的知识。

11.3.1　餐饮品牌如何做好长期广告

广告投放是餐饮品牌营销的重要方式，也是向顾客展示餐饮品牌形象的切入口。长期、稳定、持续地投放广告，是餐饮品牌必不可少的推广方式。

"舌尖上的中国"现象是体现餐饮品牌长期广告价值再合适不过的案例。该档纪录片以记录全国各地美食，向国人及外国网友展示我国饮食文化而出名。在每一季"舌尖上的中国"中出镜的餐饮店和餐饮品牌都能获得长期曝光。

为了打造优质的长期广告，经营者必须学会以让顾客形成长期记忆为目的的广告发布方法。通常而言，餐饮广告的平均时长在15秒以上，但顾客能记住广告中与餐饮品牌有关的内容长度仅有5秒，甚至更少。为此，经营者应具备大局观，以让顾客形成长期记忆为出发点进行广告投放。无论如何，经营者都应致力于用最短时间获取顾客关注并使其产生深刻印象，让广告宣传影响顾客心智。

对比多个餐饮品牌的广告投放数据，可以发现餐饮品牌打造优质长期广告有一定的规律，具体如下。

（1）品牌自行投放广告的渠道不超过5个，并以社交媒体为主。与大范围投放相比，更多餐饮品牌会选择通过2~3个用户量大的渠道投放广告。

（2）在广告中加入涉及社会关系的片段，如亲情、友情、爱情等。投放涉及社会关系的片段的广告可以增强顾客黏性，为投放长期广告打下基础。

（3）与其让广告落入俗套，被顾客遗忘，不如让广告具有某种合法、合理的争议性。引发必要的讨论，就能让顾客对餐饮品牌形成特殊印象。例如，豆浆的咸甜之争、榴梿究竟是否能在公开场合吃等，这些话题既会引发顾客之间的争议，又无伤大雅，是较好的打造长期广告的方式。

11.3.2 餐饮品牌如何扩大文化影响力

老字号餐饮店与"昙花一现"的"网红"餐饮店的最大区别在于，老字号餐饮店有传统餐饮文化的加持。传统餐饮文化包括地域文化、饮食文化、历史文化和品牌文化，具有厚重的底蕴和扎实的根基，是当地社会生活的积累。相比之下，"网红"餐饮店人为地创造短暂新奇点，在网络上宣传引流，一旦热点过去，未能形成一定的餐饮文化，顾客就会忘记该品牌，并不愿意消费，曾经的流量只能见证其短暂的辉煌。

如果想要打造真正的餐饮品牌，经营者必须将一定的文化注入餐饮品牌，让餐饮品牌传承优质文化，并持续扩大文化影响力。但需要注意的是，餐饮文化必须是优质、积极、健康的，而不能是低俗、消极、猎奇的。

曾经有过"便所"主题餐厅，是以厕所文化为主题的餐饮店。餐饮店为顾客提供另类的环境、产品、服务。毫无疑问，这类主题餐厅往往以宣告破产告终。

运营餐饮品牌的关键是文化，文化能够影响顾客心智，改变其情感特征，不应该只是作为吸引顾客的噱头出现而毫无精神内涵。

　　餐饮品牌要传承文化，首先要选好文化主题，找准餐饮品牌的定位，探索餐饮品牌传承这类文化的可行性；其次要让服务人员、管理人员认同并热爱这种文化，通过规章制度和企业文化熏陶，让餐饮店人员由内而外地形成文化自信，并将这种文化传达给顾客；最后还要将这部分文化通过餐饮店装修、服务人员服装、菜单栏目设计、服务理念等方面展示出来。

　　餐饮品牌形成文化基础后，应积极扩大文化影响力。图 11.3-1 所示为餐饮品牌扩大文化影响力的策略。

图11.3-1　餐饮品牌扩大文化影响力的策略

　　（1）打造品牌 IP，即通过角色显化餐饮品牌的形象。IP 在网络上的传播速度更快，且更容易让顾客产生共鸣。如今各餐饮品牌为了提高品牌价值，打造了越来越多的跨行联名 IP。

　　（2）加强人员管理，包括对管理人员、技术人员和服务人员的管理。经营者应在以人为本的基础上，通过各类激励措施促使员工对餐饮品牌文化产生好感与认同感，并因此愿意成为餐饮品牌文化的代言人。

　　（3）持续输出品牌文化。餐饮品牌既要提供顾客喜欢的内容，又要保持品牌个性，向外界充分展示自身独特的餐饮文化。

11.3.3 餐饮品牌如何破圈

餐饮品牌破圈的本质是资本主导下的产业融合。餐饮具备普遍需求的特性，与服务业内的其他产业都能完美融合，其中的代表有"餐饮＋综艺"的《猜猜真假食物》，"餐饮＋影视"的《舌尖上的中国》，"餐饮＋直播"的吃播达人等。

2015年，文宾打造了一个以我国民俗餐饮文化为主的餐饮品牌——文和友，这一品牌从民俗餐饮起步，不断结合饮食潮流文化，推出不同时代的餐饮美食，并以市井的形式呈现。随着品牌市场规模的扩大，文和友不再只涉足餐饮行业，商场、旅游度假区都出现了文和友的影子。

餐饮品牌破圈成为常态，其破圈的主要途径分为两种，即"分级"和"升级"。

1．餐饮品牌的分级

餐饮品牌分级是指通过对自身的产品与服务做品类垂直分级管理，以使自身区别于餐饮行业其他品牌。具体操作方法是，餐饮品牌积极与不同行业、不同品类进行合作，形成新的产品与服务类型。当然，餐饮品牌也可以与本行业供应链上不同层级的品牌进行深度合作，为顾客提供独特的消费体验。

2．餐饮品牌的升级

文和友是餐饮品牌通过升级而破圈的典型案例。餐饮品牌可以与不同行业的品牌合作，打造新的联合品牌，或形成品牌迭代，为顾客提供兼具两个行业特点的产品和服务，吸引更多顾客的关注。

11.3.4 餐饮品牌如何维护自身权益

随着市场经济制度的不断完善，餐饮品牌借助法律工具进行自我保护已成为重要工作。

通常而言，餐饮品牌权益受损的事件有品牌商标被侵犯、食品安全问题、消费者投诉、政府监管抽检不合格、合同违约等。由于这些事件发生的背景往往较为复杂，不限于单一原因，餐饮品牌必须树立强烈的法律观念，客观看待问题，并合法维护自身权益。

著名辣椒酱品牌老干妈商标侵权起诉案，曾在业界广为流传，老干妈品牌创始人陶华碧的秘书曾透露，公司每年支出两三千万元"打假"专项资金，用于加强对商标的保护。正是在这样完备的法律意识和强势的维权行动之下，老干妈的品牌价值才能得以维护。

餐饮品牌要维护自身合法权益，应重视以下各方面内容。

1．注册商标

注册商标能让餐饮品牌获得法律保护，避免竞争对手盗用或抄袭品牌商标获取不法利益。

2．加强食品安全检测力度

顾客对餐饮消费的需求已不仅限于吃饱，更追求安全。

餐饮品牌应积极加强食品安全检测。

（1）定期做食品安全检测，既包括自行检测，也包括邀请专业机构进行检测。

（2）申请办理具有一定资质的质量管理体系认证证书。

（3）加强餐饮质量管理，做到食材可溯源、可追踪，避免食材的运输、生产等环节出现管理遗漏。

3．公关营销

餐饮品牌应注重日常公关营销，任何涉及餐饮品牌的安全问题、运营问题、服务态度问题乃至个人言行问题等，都有可能影响一个餐饮品牌的短期业绩与长远生存。因此，餐饮品牌管理者应熟悉媒体舆论的运作方式，随着经营规模的不断扩大，管理者应不断鼓励媒体对餐饮品牌的企业动态、活动内容、新品特征、新服务内容等进行传播，增强餐饮品牌的亲和力，提升餐饮品牌的形象。